"Jack Hibbs ha sido un buen amigo, col█████████████████████
Palabra durante casi tres décadas. Respeto mucho su audacia al exponer el engaño que ha dejado a la iglesia y al mundo dando vueltas en confusión. Su misión, la cual hace muy bien, es preparar a los santos para el pronto e inminente regreso de Cristo por su iglesia. El compromiso de Jack con las Escrituras es fuerte, su amor por la iglesia es apasionado y su servicio al Señor es incesante".

—**Amir Tsarfati**, fundador y presidente de Behold Israel

"Este es el tipo de libro que uno esperaría de Jack Hibbs: bíblico, audaz y profético. El libro enfatiza especialmente la necesidad de discernimiento en nuestra era de confusión y transigencia. Abarca una amplia gama de cuestiones culturales, pero siempre enfatiza la necesidad de honrar a Dios en lugar de darle a la *cultura woke* [consciente de los temas políticos y sociales] lo que quiere".

—**Dr. Erwin W. Lutzer**, Pastor Emérito,
Iglesia Moody, Chicago

"¡La parte más peligrosa de ser engañado es que no sabes que estás siendo engañado! En *Vivir en la era del engaño*, el pastor Jack Hibbs te desengaña abriendo tus ojos a la verdad de Dios con la atractiva claridad que hace que muchos (como yo) lo amen. Jack no se guarda nada para ayudarte a convertirte en un mejor discípulo y edificador del reino en un mundo que parece volverse más oscuro y más engañoso cada día. ¡Consigue este libro ahora!".

—**Frank Turek**, presidente de CrossExamined.org;
coautor de *No basta mi fe para ser ateo*

"George Orwell dijo que decir la verdad en tiempos de engaño universal es un acto revolucionario. Las presiones ocasionadas por el mal para someternos pueden hacer a un hombre razonable cuestionar su propio sentido de la realidad. Lo he vivido. En un mundo donde ya nada parece tener sentido, donde "vivimos deslumbrados por el engaño", solo puede haber una verdad. Mi amigo el pastor Jack proporciona claridad sobre cómo saber cuándo el mal se disfraza de bien. Como periodista de investigación, estoy de acuerdo con Jack cuando dice que lo que está pasando en Estados Unidos es subversivo. Como escribe Jack, 'El verdadero amor es contar las cosas tal como son', y *Vivir en la era del engaño* nos ayuda a hacer eso".

—**James O'Keefe**, periodista galardonado y autor *bestseller* del *New York Times*

"El libro del pastor Jack Hibbs *Vivir en la era del engaño* describe con precisión y sin miedo la extraña confusión experimentada por personas de todo el mundo en los últimos años. El origen de este caos interminable es un mar de mentiras basadas en engaños, insistiendo en que lo que estamos experimentando es normal. Pero nuestros tiempos no son normales. *Vivir en la era del engaño* explica los engaños bíblicos de Romanos 1 en nuestros días y ofrece un camino a seguir para todo aquel que busque vivir con discernimiento".

—**Honorable decana Michele Bachmann**, Escuela de Gobierno Robertson, Universidad Regent, VA

"Jack Hibbs ofrece una discusión profunda y oportuna sobre el estado de la iglesia y el pueblo de Dios. Se ha vuelto cada vez más evidente que la iglesia moderna ha perdido su poderoso impacto y no está alcanzando a un mundo perdido y caído. ¿Por qué? Estamos demasiado preocupados por buscar la felicidad y demasiado despreocupados por buscar a Dios. Este libro es una lectura obligada para todos los cristianos que quieran salir de la confusión del engaño, vestirse con toda la armadura de Dios y cumplir verdaderamente la gran comisión".

—**Jenna Ellis**, abogada y presentadora de *Jenna Ellis in the Morning* en American Family Radio

VIVIR EN LA ERA DEL
ENGAÑO

VIVIR EN LA ERA DEL
ENGAÑO

Cómo distinguir la verdad en una cultura de mentiras

JACK HIBBS

ORIGEN

Título original: *Living in the Daze of Deception*

Primera edición: junio de 2024
Esta edición es publicada bajo acuerdo con Harvest Publishing House.

Copyright © 2024, Jack Hibbs
Copyright © 2024, Penguin Random House Grupo Editorial USA, LLC
8950 SW 74th Court, Suite 2010
Miami, FL 33156

Traducción: María José Hooft
Imágenes de cubierta © tomertu, Igor Vitkovskiy, Golubovy / Shutterstock
Diseño de cubierta: Faceout Studio
Adaptación de PRHGE

A menos que se indique lo contrario, todas las citas bíblicas fueron tomadas de la Santa Biblia, Nueva Versión Internacional, NVI, ©1973, 1978, 1984, 2011.

Impreso en Colombia / *Printed in Colombia*

ISBN: 979-8-89098-106-6

24 25 26 27 28   10 9 8 7 6 5 4 3 2 1

ORIGEN es una marca registrada de Penguin Random House Grupo Editorial

Este libro está dedicado a nuestros hijos y nietos.

A tus hijos y nietos,

y a todos aquellos que deben navegar el futuro

comenzando hoy con verdad y valentía,

lo que nos ayudará a superar la confusión que tenemos por delante.

Un agradecimiento especial a Judi McDaniels, cuyos incansables esfuerzos y estímulo constante hicieron posible este libro.

A mi preciosa familia, que sacrificó su tiempo
para que yo pudiera escribir este libro robándoles tiempo a ellos.

A mi hermosa, firme y fiel esposa, Lisa,
quien siempre ha sido mi compañera constante y consejera
a lo largo de 45 años de amor y matrimonio
y en esta increíble vida de ministerio.

Y a mi Jesucristo, que cuando estaba en
el valle de sombra de muerte me dio vida.

Jack Hibbs
Chino Hills, California

ÍNDICE

MIKE POMPEO

A veces, verdades sencillas dichas de forma directa, humilde y con amor pueden afectar vidas. El oportuno trabajo del pastor Jack logrará eso.

Abrí mi discurso en la Universidad Americana de El Cairo en Egipto el 10 de enero de 2019 con tres oraciones simples y declarativas: "Soy Mike Pompeo. Soy el secretario de Estado de Estados Unidos. Y soy un cristiano evangélico". Es un eufemismo decir que es raro escuchar a un secretario de Estado de los Estados Unidos proclamar su fe en un entorno así. Mi propio equipo se opuso firmemente a que lo dijera. El *New York Times*, el buque insignia de los principales medios de comunicación, declaró que mis comentarios habían provocado una "revuelta" en la universidad. Pero esas palabras eran verdaderas e importantes. Necesitaban ser dichas para que los adversarios y aliados de Estados Unidos conocieran mi perspectiva y cómo abordaría las amenazas al pueblo estadounidense. Las ideas centrales que el pastor Jack detalla en este libro dejan claro que debemos abordar las amenazas a nuestras almas y a nuestra fe con igual franqueza.

Durante los siguientes mil días en los que me desempeñé como secretario de Estado de Estados Unidos, siempre tuve como misión comprender claramente el problema, llamarlo por su nombre y desarrollar enfoques estratégicos y concretos para solucionarlo. Desde China hasta Corea del Norte, Irán y muchos otros, adoptamos el mismo enfoque: ser honestos acerca del problema con nosotros mismos y con el pueblo estadounidense, y trabajar arduamente para encontrar una solución. Con demasiada frecuencia, los políticos de Washington evitan los problemas, temerosos de ofender a alguien o a algún grupo. Pero la solución de un problema siempre comienza con entender la realidad. En este libro, el pastor Jack utiliza el mismo enfoque para brindarles a los cristianos una visión clara del mundo y cómo debemos responder.

Hoy, Estados Unidos no enfrenta mayor amenaza externa y terrenal que el Partido Comunista Chino (PCC), un organismo gobernante ateo que busca la sumisión total de su propio pueblo y la deferencia total de otras naciones. Lo vi de cerca y personalmente como secretario de Estado: este régimen no respeta los derechos humanos porque no respeta la vida humana; de hecho, lo único que le importa al PCC es la continuación de su poder. China busca remodelar absolutamente el mundo para que su modelo de tiranía pueda prosperar. El PCC quiere que la humanidad viva en su niebla, en su desconcierto. El pastor Jack nos señala correctamente el engaño de nuestros adversarios, a través de la propaganda, y el engaño de nuestros líderes al controlar el flujo de información para que puedan avanzar en sus agendas. Las consecuencias de tal tiranía para los cristianos —de hecho, para toda la humanidad— pueden ser verdaderamente terribles y perversas.

Si Estados Unidos ha de enfrentar sus desafíos —como lo hizo con la Rusia comunista— necesitaremos el testimonio moral del cristianismo. Necesitaremos una iglesia fuerte y vibrante que esté preparada para recordarles a los estadounidenses los fundamentos de nuestra libertad, que sin duda surgen de la comprensión judeocristiana de que todos somos creados a imagen de Dios y, por lo tanto, estamos dotados de "ciertos derechos inalienables".

Sin embargo, las naciones occidentales —originalmente defensoras de la fe cristiana— están trabajando para eliminar por completo la fe de sus sociedades, algo que el pastor Jack describe en detalle en las páginas siguientes. Hoy se nos dice que pongamos nuestra fe no en Dios, sino en la protesta, la victimización y el tribalismo.

Se nos dice que no existe Dios, la verdad o el bien y el mal. La verdadera amenaza para Estados Unidos y todos los pueblos libres reside en esta ideología.

El pastor Jack tiene toda la razón: si perdemos nuestra fe como nación, no sobreviviremos. Nos faltará el coraje y la certeza necesarios para enfrentar al PCC y nos desmoronaremos desde dentro.

Sin embargo, como deja claro este libro, ahora no es el momento de desesperarse. El mal es una realidad de la vida, y siempre lo ha sido. En lugar de aquietarnos o ceder, hoy debemos enfrentar el mal de la misma manera como el apóstol Pablo instruyó a la iglesia en Éfeso: "Pónganse toda la armadura de Dios para que puedan hacer frente a las artimañas del diablo".

En *Vivir en la era del engaño*, el pastor Jack explica a todos los creyentes cómo podemos hacer esto: confiando fielmente en Jesús, proclamándolo como nuestro salvador y siguiendo las Escrituras.

Sin Cristo, sé que estaría perdido. Mi camino con Él comenzó hace muchos años en la Academia Militar de los Estados Unidos en West Point, después de que dos cadetes de cursos superiores me invitaran a un estudio bíblico dirigido. Aunque mucho ha cambiado en el mundo desde entonces, mi fe sigue siendo una luz indispensable y mi apoyo más seguro: a través de mi servicio militar, dirigiendo dos pequeñas empresas, sirviendo en el Congreso y enfrentando los desafíos que tiene Estados Unidos como director de la CIA y secretario de Estado, he podido perseverar solo por obra de la gracia de Dios.

Si tenemos fe, Dios obrará de maneras sorprendentes y maravillosas a fin de prepararnos continuamente para enfrentar los desafíos que tenemos por delante. Sé que nunca habría tenido el coraje de proclamar mi fe en El Cairo si años antes no hubiera sido bendecido con la oportunidad de compartirla con una sala llena de estudiantes bulliciosos y perspicaces de quinto grado, mientras enseñaba una clase de escuela dominical con mi esposa, Susan, en la iglesia presbiteriana Eastminster en Wichita, Kansas. Esto también resultó doblemente beneficioso: mi función a menudo incluía mantener a los muchachos en sus asientos; ¡esta fue la mejor preparación para una carrera en diplomacia internacional!

Comparto la fe y el optimismo del pastor Jack. Jesucristo venció nuestro pecado y todo pecado, para siempre. Venció la muerte. A través de Él, sé que podemos vencer la maldad que enfrentamos hoy.

No te disculpes; sé intransigente. Acércate siempre, con amor, a aquellos que te persiguen. Cristo realmente puede cambiar los corazones, y por eso sé que este libro te resultará tan alentador como a mí.

Dios te bendiga y mantén siempre tu fe.

Mike Pompeo

PARTE 1

RECONOCER LOS MÚLTIPLES TIPOS DE ENGAÑO

CAPÍTULO 1

EL DESLUMBRAMIENTO DEL ENGAÑO GLOBAL

Vista desde el satélite Terra de la NASA, da la impresión de una enorme pradera de nieve o un vasto glaciar: tranquilo, sereno y fascinante. Pero los lugareños que descienden por la empinada y sinuosa sección de la Interestatal 5 desde las montañas Tehachapi de California saben que no es así. Entienden que están entrando en la peligrosa niebla Tule del Valle Central y que deben conducir con precaución. Cuando las condiciones son adecuadas, la densa niebla hace que los conductores desprevenidos pierdan el sentido de la orientación, con consecuencias trágicas y, a veces, mortales. En noviembre de 2007, la niebla Tule provocó un choque de ciento ocho automóviles que resultó en dos muertos y casi cuarenta heridos. El choque en cadena, que incluyó dieciocho camiones semirremolque, se extendió por casi una milla y cerró la CA-99 durante más de doce horas. El último vehículo chocó diez minutos después del choque inicial.[1]

En el mundo actual, la niebla, sea Tule o de otra índole, caracteriza el desconcertante deslumbramiento en el que hemos entrado y ahora vivimos. De ahí el título [original] de este libro, y la razón por la que intencionalmente usé la palabra *deslumbramiento* en lugar de *era*.*

Generalmente, cuando la palabra 'era' se menciona [*days* en inglés], la mayoría de la gente entiende que se refiere a un tiempo o período determinado. Ciertamente, este libro trata de una época específica que, según la Biblia, visitará a la humanidad: una época de dificultades incomparables como el mundo nunca ha visto. Pero mi objetivo principal es ayudarles a identificar la confusión del engaño que nos envuelve hoy.

El engaño, como la niebla, actúa como camuflaje: desdibuja y oculta lo que está justo frente a nosotros. Navegar con seguridad requiere que tomemos las mismas precauciones que los conductores: prestar atención a las luces intermitentes o las señales de advertencia más adelante y estar atentos a las zonas de cielo despejado o, en este caso, a la verdad bíblica, para actuar como guía.

Varios diccionarios definen 'deslumbramiento' como la incapacidad de pensar o reaccionar adecuadamente, estar desconcertado o entumecido. Los sinónimos incluyen *estupefacción, conmoción, confusión* y *distracción*. Creo que cada una de estas palabras se puede aplicar a las reacciones de la gente ante los cambios siniestros y globales que hoy están teniendo lugar. Más que en ningún otro momento de la historia reciente, las personas están demostrando una extraordinaria falta de juicio e incapacidad de pensar o actuar apropiadamente cuando se trata de lo que creen y cómo viven. ¿Cómo está pasando esto? ¿Por qué está sucediendo como nunca antes en la historia?

---

* N. de la T.: El título del original en inglés, *Living in the Daze of Deception*, hace un juego de palabras entre *days* (días/era) y *daze* (deslumbramiento, confusión), para enfatizar la confusión y aturdimiento que caracterizan la temporada espiritual actual que esta obra explora.

Lo que estás a punto de leer en las páginas siguientes es un resumen de las muchas formas en las que el engaño está influyendo en nuestro mundo y, lo que es más importante, cómo nosotros, los seguidores de Jesús, podemos equiparnos para responder eficazmente a él. Mi súplica es que comprendas cómo la mano fuerte de Dios mismo te guiará con esperanza, claridad y dirección desde lo alto a través de un mundo en el que, de otro modo, estarías aturdido y confundido.

TOMADOS POR SORPRESA

El engaño se ha vuelto tan generalizado que hoy nos afecta a todos. Este es solo un ejemplo de lo que estoy hablando: ¿has notado la increíble cantidad de información engañosa, informes falsos y *fake news*, como se les conoce popularmente, que se han difundido a través de los medios de comunicación en los últimos años? La respuesta es sí, por supuesto. Todos los que utilizamos las noticias televisivas, internet y las redes sociales estaremos fácilmente de acuerdo, porque gran parte de lo que se dice va en contra de lo que sabemos que es verdadero. Sin embargo, hay otras ocasiones en las que no podemos estar seguros de lo que es verdad. Incluso cuando una persona levanta la mano derecha y declara bajo juramento en un tribunal de justicia, no siempre estamos seguros de si está diciendo la verdad absoluta. Descubrir la verdad se ha convertido en una tarea casi imposible, lo que nos deja preguntándonos qué creer.

Probablemente hayas oído la clásica historia de lo que ocurrió en la antigua ciudad de Troya cuando los griegos construyeron un enorme caballo de madera, se lo regalaron a sus enemigos y fingieron navegar lejos. Sus enemigos troyanos metieron el caballo en la ciudad sin darse cuenta de que dentro se escondían soldados griegos que saldrían sigilosamente y abrirían las puertas de la ciudad desde adentro para que el ejército griego, supuestamente retirado, pudiera regresar y atacar. Como resultado, Troya fue conquistada y destruida.

El caballo de Troya finalmente se convertiría en un símbolo de un truco o estrategia engañosa empleada cuando parece no haber forma de derrotar a un enemigo poderoso. Hoy en día, te sorprenderías si vieras un caballo de madera de veinticinco pies de altura (7.6 m) entrando en tu ciudad. Pero ¿has pensado en lo que están ocultando las élites poderosas, las organizaciones y las autoridades gubernamentales, o el inexplicable nivel de hermetismo ligado a sus opiniones engañosas? Cuando te das cuenta de que estas personas y grupos a menudo te consideran su enemigo, la realidad de los caballos de Troya modernos no parece estar alejada del ámbito de lo posible. Además, es importante entender que los planes perversos también vienen en paquetes pequeños, sutilmente escondidos en un elemento de verdad, lo que los vuelve más peligrosos y difíciles de detectar.

Creo que el carácter único de la última década proviene del grado en que la información engañosa ha permeado no solo nuestra cultura en Occidente, sino también al mundo. Un ejemplo destacado es lo que ocurrió a raíz de la pandemia de COVID-19. No importa cuál sea tu opinión, posición o el dolor y la tristeza sufridos durante la pandemia, una cosa es segura: los "expertos" y los poderosos políticos, junto con las corporaciones de biotecnología, aprendieron que, al controlar el flujo de información, podían avanzar rápidamente en sus agendas.

Inmediatamente después de la pandemia se produjo un brote a nivel mundial de pensamiento irracional e incluso inestabilidad cuando se trataba de cosas como la identidad de género, el matrimonio, el carácter sagrado de la vida y el estado de derecho. Más cerca de casa, surgieron cuestionamientos sobre las fronteras nacionales, y si Estados Unidos debiera mantener su Constitución o no. Se pusieron en duda muchas cosas, y hoy en día se cuestionan aún más.

¿Qué significa todo esto? En primer lugar, el engaño está continuamente en acción a través de las conversaciones, pensamientos y acciones de aquellos que rechazan el concepto mismo de Dios en sus sistemas de creencias. Sé que suena brutal, pero está respaldado por lo que dice la Biblia. Y, en segundo lugar, debemos tener cuidado de no descartar el engaño como algo que únicamente se produce en los medios de comunicación o en los ámbitos sociales y políticos. Jesús advirtió que habría un tremendo engaño espiritual en los últimos días antes de su regreso físico a la Tierra.

EL DESLUMBRAMIENTO DE LOS ÚLTIMOS DÍAS
¿Cuáles son los últimos días?

A lo largo de los años, muchos medios de comunicación e investigadores genuinamente preocupados me han preguntado: "¿Cuál es el tiempo del fin?". Me parece asombroso que cada vez que hay una crisis mundial importante, los teléfonos de la iglesia suenan sin parar porque la gente quiere saber qué está pasando. Las personas que llaman al otro lado de la línea preguntan: "¿Será que el principio del fin está cerca?" o "¿Está el Armagedón a la vuelta de la esquina?". El mundo quiere respuestas cuando las cosas empiezan a temblar, tanto en sentido literal como figurado.

Permíteme compartir un pasaje de las Escrituras que se aplica a todo seguidor de Cristo en los últimos días: "Más bien, honren en su corazón a Cristo como Señor. Estén siempre preparados para responder a todo el que pida razón de la esperanza que hay en ustedes. Pero háganlo con gentileza y respeto" (1 Pedro 3:15).

Aquí, y en otros versículos, se afirma claramente que el pueblo de Dios debe estar preparado y ser capaz de dar las respuestas que buscan los no creyentes. Eso significa que corresponde a los cristianos saber y comprender lo que creen y cómo ese conocimiento se manifiesta en la vida cotidiana.

Cuando hablamos de los últimos días, debes saber que en toda la Biblia el concepto de *tiempos finales* aparece de diversas maneras: el fin de la historia, el fin de los días, el último día, los últimos tiempos, el fin de los tiempos o, como dice 1 Juan 2:18, la hora final. No todos esos términos hablan exactamente de lo mismo, pero todos se refieren a la culminación de la historia, que incluye el regreso de Jesucristo y el establecimiento de su reino aquí en la Tierra.

Los eventos que colectivamente llamamos los tiempos finales son todos parte de lo que se llama profecía bíblica o escatología bíblica. La profecía bíblica es que Dios escribe el futuro con anticipación para que podamos saber lo que nos espera. Muchas iglesias evitan enseñar profecía por ignorancia bíblica, por la denominación a la que están afiliadas o porque creen que les va a generar miedo. Cualquiera que sea la razón, la negativa a enseñar profecía es lamentable. La Biblia revela detalles sobre los últimos días para aliviar el estrés de preguntarnos lo que está por venir y para que nos preparemos y estemos listos.

Debido a que debemos estar familiarizados con nuestra Biblia, Dios espera que sepamos lo que su Palabra dice sobre eventos futuros. A lo largo del ministerio de Jesús, los líderes religiosos lo atacaron continuamente con respecto a su doctrina de la salvación, su doctrina de la fe y, curiosamente, su doctrina acerca de los últimos días. En Mateo 16, los fariseos y saduceos se acercaron a Jesús, pidiéndole que les mostrara una señal del cielo. Esto es lo que dijo:

> Al atardecer, ustedes dicen que hará buen tiempo porque el cielo está rojizo y por la mañana, que habrá tempestad porque el cielo está rojo y nublado. Ustedes saben discernir el aspecto del cielo, pero no las señales de los tiempos (Mateo 16:2-3).

Me encanta lo sutil que es Jesús. ¡Hipócritas! Pueden pronosticar el tiempo, pero no discernir los tiempos y las señales de los últimos días. Que eso nunca se diga de ti ni de mí.

¿Cuáles son las señales de los últimos días?

Se han escrito volúmenes detallados sobre las señales del fin del mundo, y debemos entender estas señales. Al darte solo algunos indicadores de lo que sucederá durante los últimos días, creo que puedo demostrar que este es el tiempo en el que tú y yo vivimos.

Las Escrituras dicen que los hombres serían enemigos de Dios, amantes del placer, de la lujuria y el mal, y de las cosas de este mundo mientras, al mismo tiempo, se volverían desamorados e indiferentes hacia la población en general y el bienestar de sus semejantes (2 Timoteo 3:2-4).

Nadie puede negar que cada uno de estos comportamientos es ahora algo común. Pero te pregunto: ¿con qué criterio debemos juzgar que cualquiera de los que acabo de mencionar están mal? ¿Haces ese juicio? ¿Yo lo hago? ¿O permitimos que la opinión popular o las agencias gubernamentales decidan por nosotros? La única razón por la que surgen estas preguntas es que Dios no está presente en los corazones y las mentes de las personas. Prácticamente hablando, son enemigos de Dios. Piénsalo. Si no hay Dios, entonces no hay reglas. Y cuando no hay reglas, hay anarquía. Y cuando hay anarquía, no queda nada más que yo, yo mismo y lo que quiero, y entonces todo se vuelve aceptable para mí.

También sabemos que antes de que Cristo regrese, doctrinas demoníacas inundarán nuestro mundo, dando lugar a una apostasía generalizada o un alejamiento de la fe en Dios. Ahora, no te hagas la idea de que esto significa que hay algunas criaturas extrañas y peludas acechando en las sombras, tratando de engañar a la gente. Si eso fuera cierto, serían fáciles de identificar. Lo cierto es que los poderes demoníacos se han apoderado de los púlpitos de las iglesias y han corrompido el mensaje del evangelio, debilitando o eliminando la fe de quienes se sientan en los bancos, tal como advierten las Escrituras.

El Espíritu dice claramente que, en los últimos tiempos, algunos abandonarán la fe para seguir a inspiraciones engañosas y doctrinas diabólicas (1 Timoteo 4:1).

Porque llegará el tiempo en que no van a tolerar la sana doctrina, sino que, llevados de sus propios deseos, se rodearán de maestros que les digan las fantasías que quieren oír. Dejarán de escuchar la verdad y se volverán a los mitos (2 Timoteo 4:3-4).

La Palabra de Dios ha desaparecido en muchos lugares de culto hoy en día. Los ministerios están predicando mensajes centrados en el ego, la prosperidad y el yo en lugar de la sana doctrina. ¿Puedes ver cómo esta desconexión ha permitido que los seguidores de Cristo se sientan confundidos por el deslumbramiento del engaño? Es por eso que vemos creyentes que no pueden distinguir el bien del mal y se han apartado de la ortodoxia bíblica mientras abrazan una forma secular de cristianismo.

Entonces, ¿cómo podemos inmunizarnos contra el engaño? ¿Cómo podemos conocer la verdad? En algunos casos, es posible que nunca sepamos la verdad cuando se trata de política, alguna agenda o plan militar, o un negocio que salió mal. Pero cuando se trata de realidades espirituales, solo hay una manera de conocer la verdad. Esa, por supuesto, es la Biblia: la Palabra de Dios infalible, perfecta e inmutable. Cuando la iglesia, fundamento y columna de toda verdad, proclama todo el consejo de Dios contenido en la Biblia, el engaño no puede ni podrá arraigarse.

LOS ACONTECIMIENTOS DE LOS ÚLTIMOS DÍAS HAN SIDO DISEÑADOS
... para validar a Dios

La crisis global de nuestros días (los rumores de guerra, la falta de líderes confiables, el posible colapso de las economías nacionales, las controversias sobre las criptomonedas y la intromisión de los gobiernos durante las pandemias) pueden no tener sentido para ti y para mí, pero ten la seguridad de que sí lo tienen para Dios. ¿Qué quiero decir con eso? Isaías 46:9-10 dice:

> Recuerden los primeros sucesos de antaño, porque yo soy Dios, y no hay otro. ¡Nada hay semejante a mí! Yo anuncio desde un principio lo que está por venir; yo doy a conocer por anticipado lo que aún no ha sucedido. Yo digo: "Mi consejo permanecerá, y todo lo que quiero hacer lo haré" (RVC).

Isaías 45:21-22 amplía aún más esta misma verdad:

> Declaren y presenten sus pruebas, deliberen juntos. ¿Quién predijo esto hace tiempo, quién lo declaró desde tiempos antiguos? ¿Acaso no lo hice yo, el Señor? Fuera de mí no hay otro dios; Dios justo y salvador, no hay ningún otro fuera de mí. Vuelvan a mí y sean salvos, todos los confines de la tierra, porque yo soy Dios y no hay ningún otro.

Solo Dios conoce el futuro, mi amigo. Y el hecho de que el Dios de la Biblia nos diga lo que va a suceder antes de que suceda valida que Él existe, que solo Él es Dios y que cumplirá todo lo que desea.

¿Estás confundido? ¿Estás buscando respuestas? Apaga tu televisor, cierra tu computadora portátil, deja tu teléfono y toma la Biblia. He perdido la cuenta de cuántas veces he tenido una conversación que dice algo como esto:

—Pastor, ¿cómo puedo saber si Dios es real?

—Abre el libro, léelo y observa lo que sucede.

—¿Pero eso no es un lavado de cerebro?

—¡En lo absoluto!

En este mundo sucio y desordenado, tú y yo necesitamos un buen lavado de cerebro: debemos dejar que la Biblia entre y limpie toda la suciedad acumulada a lo largo del día, por no mencionar a lo largo de toda la vida. La Palabra de Dios limpia y endereza nuestro pensamiento. Ya sea que no estés seguro de si Dios es real o si es digno de confianza, te prometo que esas garantías vendrán a través de su Palabra.

Hoy deberías preguntarte: "¿Qué hizo el Dios de la antigüedad? ¿Y cómo se relaciona con lo que Él dijo de antemano que haría?". Si observas detenidamente las pruebas históricas sobre lo que la Biblia dice en respuesta a esas preguntas, te darás cuenta de que puedes confiar en Dios con cada detalle de su vida.

... para validar la Biblia

Si te preguntas si Dios existe, probablemente también tengas dudas sobre la Biblia. Dudas como: *¿Son exactas las afirmaciones de la Biblia? ¿Puedo confiar en ella para obtener las respuestas de la vida tanto ahora como en el futuro?* La respuesta es un rotundo sí, ¡y sí! Pero no te quedes con mi palabra. La segunda carta de Pedro 1:19 explica por qué puedes confiar en el cumplimiento de cada parte de la Palabra de Dios: "Esto ha venido a confirmarnos la palabra de los profetas, a la cual ustedes hacen bien en prestar atención como a una lámpara que brilla en un lugar oscuro".

> El hecho de que el Dios de la Biblia nos diga lo que va a suceder antes de que suceda valida que él existe, que solo él es Dios y que cumplirá todo lo que desea.

La versión King James [en inglés] traduce "confirmarnos la palabra de los profetas" como "una palabra profética más segura", que en griego significa "firme, fiel, permanente o moralmente verdadero y cierto". La ejecución previa de Dios en el cumplimiento de la profecía escrita resuelve la cuestión de si Él puede y cumplirá lo que te ha prometido ahora y en el futuro. Para respaldar esto, necesito darles solo una palabra: *Israel.*

Para aquellos que estaban vivos en 1947 o antes, Israel era historia antigua. No aparecía en un mapa moderno. Pero para que la profecía se cumpliera, tenía que volver a ser una nación, y el 14 de mayo de 1948 eso fue exactamente lo que sucedió. Después de dos mil años de que el pueblo judío estuviera en el exilio, ¡Israel volvió a la vida! Nació literalmente en un día, tal como la Biblia dijo que sería (Isaías 66:8; Ezequiel 37:12-13). En toda la historia, ninguna otra nación había sido una nación, después perdido su condición de nación y luego había sido restablecida como nación.

Ningún otro libro o persona puede hacer afirmaciones proféticas tan precisas como la Biblia. *The History Channel* y otros citan a menudo a supuestos profetas como Nostradamus, quien tenía un pésimo registro de predicciones acertadas. Los profetas bíblicos no tenían tal margen de maniobra: tenían que ser cien por ciento exactos. Así es como puedes diferenciar entre los profetas de Dios y los falsos profetas.

¿Sientes que la oscuridad del mundo se va filtrando lentamente y te hace sentir un poco confuso, incluso aturdido? Puedes confiar en la "palabra segura" de las profecías del Antiguo Testamento, que 2 Pedro 1:19 compara con "una lámpara que brilla en un lugar oscuro". ¿Hay circunstancias fuera de tu control que te oprimen? ¡Refúgiate en la Palabra! Salmos 119:105 dice: "Tu palabra es una lámpara a mis pies; es una luz en mi sendero".

Las Escrituras no nos ofrecen ningún misterio esotérico que debamos contemplar mientras estamos sentados en una roca; en cambio, nos brindan la sabiduría y la comprensión que necesitamos para recorrer

> La palabra de Dios inspira una certeza que se traduce en esperanza y nos impulsa a pasar de simplemente sobrevivir a prosperar.

nuestro camino en la vida. Comprender cómo se desarrolla la profecía bíblica aumentará tu confianza en la Biblia en su conjunto. La Palabra de Dios inspira una certeza que se traduce en esperanza y nos impulsa a pasar de simplemente sobrevivir a prosperar.

... para validar a Jesucristo

Desde el momento en que entró en este mundo, Jesucristo ha estado bajo ataque. Se burlaron de Él y lo ridiculizaron, lo destinaron a convertirse en una mala palabra común. Quiero decir, observa a alguien cerrarse una puerta en el dedo y escuchar lo que sale de su boca. Nunca escuché a nadie decir: "¡Oh, Buda!" u "¡Oh, Mahoma, eso duele mucho!". Pero no tienen ningún problema en usar el nombre de Jesús en ese tipo de exclamación.

Me parece significativo que solo una persona en toda la historia haya atraído tanta atención, enojo y odio. Pero es de esperar, porque Satanás odia a Cristo. Hará todo lo que pueda para neutralizar al Hijo de Dios. Lo asombroso sobre el desarrollo de los acontecimientos proféticos es que validan la realidad de quién es Jesús.

Jesús nunca ocultó el hecho de que sería crucificado, y sabía que incluso sus discípulos dudarían de que fuera el Hijo de Dios cuando esto sucediera. Esto es lo que hizo que sus palabras para ellos fueran tan vitales para su fe. "Digo esto ahora, antes de que suceda, para que cuando suceda crean que yo soy" (Juan 13:19). Nota la frase "yo soy". Jesús estaba diciendo: "Les estoy diciendo las cosas antes de que sucedan, para que cuando sucedan, sepan que YO SOY". ¡Para el oído judío, esa fue una declaración audaz!

El anuncio "YO SOY" es el mismo que le hizo Dios a Moisés en el monte Sinaí. Dios envió a Moisés a los hijos de Israel con un mensaje de libertad, pero Moisés quería detalles. Le preguntó a Dios: "¿Quién les digo que me envió?". Dios le respondió, diciendo: "Yo soy el que soy (…). Y esto es lo que tienes que decirles a los israelitas: Yo soy me ha enviado a ustedes" (Éxodo 3:14).

¿Qué significa "YO SOY EL QUE SOY"? ¿Dios estaba tratando de evitar darle su nombre a Moisés? Por el contrario, Él fue mucho más allá de simplemente declarar su nombre. Le reveló a Moisés un componente esencial de su carácter; le estaba haciendo saber a Moisés que el Dios eternamente presente y autoexistente estaría allí en cada situación y circunstancia. El Nuevo Testamento le atribuye esa misma teología a Jesús. Todos los nombres y atributos de Dios dados en el Antiguo Testamento se le dan a Jesucristo en el Nuevo Testamento. Vemos esto en Apocalipsis 1:8: "Yo soy el Alfa y la Omega —dice el Señor Dios—, el que es y que era y que ha de venir, el Todopoderoso". El Alfa y la Omega, el Principio y el Fin, se refieren a Dios, pero Jesús es "el que es, el que era y el que ha de venir". Agrega la afirmación de que Jesús es "el Todopoderoso" y no podrás escapar del hecho de que Jesús y Dios son uno. El Dios que dijo: "Yo estaré con ustedes siempre" es el mismo Dios que envió a su único Hijo para proporcionar salvación y vida eterna (ver Juan 10:28-29; Juan 3:16). ¡Qué consuelo! ¡Qué gozo! ¡Qué Dios y Salvador!

A medida que los días se vuelven más oscuros y nuestro mundo corre hacia su fin, los acontecimientos proféticos de los últimos días validan indiscutiblemente a Jesús como el pronto y venidero Rey. "¡Adora solo a Dios! El testimonio de Jesús es el espíritu que inspira la profecía" (Apocalipsis 19:10).

… para validar la identidad del Mesías

Por muy duros que puedan ser los acontecimientos de los últimos días, están destinados a darnos entendimiento. En Daniel 12:4, un ángel le dice al profeta: "Pero tú, Daniel, guarda en secreto las palabras y sella el libro hasta el tiempo del fin, pues muchos andarán de un lado a otro tratando de aumentar su conocimiento". Cuando lees este versículo en el idioma hebreo original, implica que los eventos de los últimos días provocarán que se gire una llave o que se abra una puerta. Fue como si el ángel dijera: "Algo va a suceder, pero hasta entonces, Daniel, sella el libro. Todo lo que te han mostrado no es para ahora, así que no te preocupes por eso".

La mayoría de los eruditos creen —y yo estoy de acuerdo— que la palabra "muchos" se refiere al pueblo judío en los últimos días. Correrán ansiosamente de un lado a otro de la Biblia buscando las intenciones de Dios. Creo que buscarán lo que ha sido revelado a través de los profetas. Daniel dice que el conocimiento aumentará y algunas personas han dicho: "Bueno, esa es la explosión de la tecnología. Daniel estaba profetizando el rápido crecimiento de la tecnología". Ciertamente ha habido una explosión de conocimiento tecnológico, pero el anuncio dado en Daniel era para el pueblo de Dios, su ciudad y la nación de Israel, *para el futuro*. Creo que llegará un momento en que Israel buscará y escudriñará la Palabra de Dios para lograr una comprensión más clara de los profetas y sus palabras con respecto al Mesías.

¿Y tú? ¿Has indagado las profecías para entender? ¿Sabes en qué parte de las Escrituras se predijo el lugar de nacimiento de Jesús, escrito unos quinientos años antes de su nacimiento físico?

> Pero tú, Belén Efrata,
> pequeña entre los clanes de Judá,
> de ti saldrá el que gobernará a Israel;
> sus orígenes son de un pasado distante,
> desde tiempos antiguos (Miqueas 5:2).

¿Y su cumplimiento?

> Así que convocó a todos los jefes de los sacerdotes y maestros de la Ley de su pueblo para preguntarles dónde había de nacer el Cristo.

—En Belén de Judea —le respondieron—, porque esto es lo que ha escrito el profeta:

"Pero tú, Belén, en la tierra de Judá,
de ninguna manera eres la menor entre las principales ciudades de Judá;
porque de ti saldrá un príncipe
que será el pastor de mi pueblo Israel" (Mateo 2:4-6).

¿Qué hay de la profecía de que, al morir, Jesús el Mesías se convertiría en el sacrificio perfecto?

A ti no te complacen sacrificios ni ofrendas,
pero has abierto mis oídos para oírte;
tú no has pedido holocaustos ni sacrificios por el pecado.
Por eso dije: "Aquí me tienes
—como el libro dice de mí—.
Me agrada, Dios mío, hacer tu voluntad;
tu Ley la llevo dentro de mí" (Salmos 40:6-8).

¿Y su cumplimiento?

Por eso, al entrar en el mundo, Cristo dijo: "A ti no te complacen sacrificios ni ofrendas; en su lugar, me preparaste un cuerpo; no te agradaron ni holocaustos ni sacrificios por el pecado. Por eso dije: 'Aquí me tienes —como está escrito en el libro—. He venido, oh Dios, a hacer tu voluntad' ".

Primero dijo: "Sacrificios y ofrendas, holocaustos y sacrificios por el pecado no te complacen ni fueron de tu agrado", a pesar de que la Ley exigía que se ofrecieran. Luego añadió: "Aquí me tienes: he venido a hacer tu voluntad". Así quitó lo primero para establecer lo segundo. Y en virtud de esa voluntad somos santificados mediante el sacrificio del cuerpo de Jesucristo, ofrecido una vez y para siempre (Hebreos 10:5-10).

No sé tú, pero yo no puedo pensar en nadie más a quien alguna vez se le haya predicho y cumplido con precisión su lugar de nacimiento y su manera de morir, algo sobre lo que nadie puede ejercer ningún control. Las probabilidades matemáticas por sí solas son astronómicas, si no imposibles.

Dado que la profecía valida a Jesús como el Mesías, ¿por qué deberíamos seguir buscándolo hasta que regrese? Hay muchas razones, pero Juan 1:1-4, 14 ofrece una muy poderosa.

En el principio ya existía el Verbo, y el Verbo estaba con Dios, y el Verbo era Dios. Él estaba con Dios en el principio. Por medio de él todas las cosas fueron creadas; sin él, nada de lo creado llegó a existir. En él estaba la vida y la vida era la luz de la humanidad (...). Y el Verbo se hizo hombre y habitó entre nosotros. Y contemplamos su gloria, la gloria que corresponde al Hijo único del Padre, lleno de gracia y de verdad.

No quiero parecer místico, pero si entiendo a Juan correctamente, cuando leemos las Escrituras, la Palabra, de principio a fin, estamos mirando el rostro de Dios. Estamos viendo la manifestación de la vida, el ministerio y el corazón de Jesús de forma impresa. Incluso si eres escéptico, eso no quita el hecho de que Jesucristo, el Mesías y Salvador del mundo, es la manifestación física de la Palabra de Dios (Juan 1:1).

... para llamar nuestra atención

¿Te sientes intranquilo acerca de lo que depara el futuro? Esa es una preocupación legítima. Parece como si casi todo se hubiera vuelto impredecible. Jesús dijo en Lucas 21:26 que el corazón de los hombres desfallecerá "por lo que va a sucederle al mundo".

No intento sonar alarmista, pero ¿qué pasará cuando los gobiernos y las economías mundiales colapsen? ¿Qué pasará cuando la gente no pueda encontrar trabajo y, cuando lo encuentren, la inflación y la escasez hayan acabado con su capacidad de conseguir comida para sus hijos? Vivir en una casa de un millón de dólares o conducir un coche caro no importará si tienes hambre. Vivimos en una sociedad orientada al crédito plástico, construida literalmente con tarjetas. Santiago 5:2-3 previó este tipo de situación:

> Se ha podrido su riqueza y sus ropas están comidas por la polilla. Se han oxidado su oro y su plata. Ese óxido dará testimonio contra ustedes y consumirá como fuego sus cuerpos. Han amontonado riquezas, ¡y eso que estamos en los días finales!

Este tipo de llamadas de atención están a nuestro alrededor, cada una diseñada para captar nuestra atención. Creo que debemos examinarnos en este y en muchos otros ámbitos. ¿Qué cambios, si es que hay alguno, necesitamos hacer con respecto a nuestro compromiso con Cristo? Ya no podemos darnos el lujo de ser cristianos espectadores. Esos días se acabaron. Ahora es el momento de tener un corazón apasionado por Dios, amar fervientemente a los hermanos y vivir la Palabra.

> Mantengamos firme la esperanza que profesamos, porque fiel es el que hizo la promesa. Preocupémonos los unos por los otros, a fin de estimularnos al amor y a las buenas obras. No dejemos de congregarnos, como acostumbran a hacer algunos, sino animémonos unos a otros, y con mayor razón ahora que vemos que aquel día se acerca (Hebreos 10:23-25).

¿POR QUÉ DEBERÍA IMPORTARTE?

Cuando escuches los mensajes que se enseñan sobre los últimos días, puede resultar tentador adoptar una actitud que diga: "No se aplican a mí porque yo soy salvo. No estaré aquí después del rapto para ver qué sucede durante la tribulación". Por favor, no dejes que ese tipo de pensamiento se apodere de ti, y déjame explicarte por qué.

Hay un pasaje de las Escrituras sobre los últimos días que aún no he mencionado, pero quiero dártelo aquí: Mateo 24:4-8. Cuando se le preguntó acerca de la señal de su venida y del fin de los tiempos, Jesús dijo a sus discípulos:

> Tengan cuidado de que nadie los engañe —les advirtió Jesús—. Vendrán muchos que, usando mi nombre, dirán: "Yo soy el Cristo", y engañarán a muchos. Ustedes oirán de guerras y de rumores de guerras, pero procuren no alarmarse. Es necesario que eso suceda, pero no será todavía el fin. Se levantará nación contra nación y reino contra reino. Habrá hambre y terremotos en diferentes lugares. Todo esto será apenas el comienzo de los dolores.

Engaños, naciones en guerra, hambrunas que producen sequías, reinos contra reinos (en el idioma griego original, *ethnos* significa "étnico", por lo que se refiere a negros y morenos contra blancos, y rojos contra amarillos, y viceversa), pandemias y terremotos: las palabras de Jesús suenan como las noticias de hoy. ¿Por qué menciono esto? Porque en medio de toda esa calamidad y dolor, Jesús dijo: "procuren no alarmarse". Podrías presumir que te estoy sugiriendo poner una cara feliz y tener pensamientos positivos, y todo estará bien. No es así. Aprecio cómo el difunto Dr. Ed Hindson puso en perspectiva la dificultad de los eventos proféticos cuando dijo:

> La profecía bíblica no se nos da para asustarnos sino para prepararnos.
> No se nos ha dado para asustarnos sino para invitarnos.

¡Qué grandes palabras de aliento! Pero ¿puede la profecía extender tal invitación? Sí, puede. Al igual que el Dr. Hindson, creo que la profecía en las Escrituras nos prepara con la invitación perfecta.

Jesús dijo: "Yo les he dicho estas cosas [profecía dada de antemano] para que en mí hallen paz. En este mundo afrontarán aflicciones, pero ¡anímense! Yo he vencido al mundo" (Juan 16:33). Jesús venció el pecado, la muerte y el infierno mismo para librarte de la ira de Dios Todopoderoso. La promesa del cielo y la vida eterna te espera. Necesitas aferrarte a eso, y también las personas que te rodean.

Al igual que tú, tus vecinos, amigos y compañeros de trabajo están viendo cómo el mundo se desmorona a medida que se desarrolla la profecía, y probablemente estén asustados. Tienes que preguntarte: ¿a dónde van cuando las cosas se ponen difíciles y no tienen a quién ni a dónde recurrir? ¿A los antidepresivos? ¿Al alcohol? ¿Al entretenimiento? Si eso fuera todo lo que tuviera para sostenerme, yo también estaría preocupado.

Puedes utilizar los eventos de los últimos días como catalizador para presentarte a vecinos que aún no conoces. Toca su puerta y diles: "Escucha, puedes pensar que soy un lunático, pero quiero que sepas que soy un seguidor de Cristo. Y con todo lo que está pasando ahora, estoy orando por los vecinos de nuestra calle. ¿Tienes alguna petición de oración?". Es dudoso que te arrojen de su porche y te cierren la puerta en la cara. Probablemente dirán: "Sí, ¿sabes qué? Se vienen despidos en mi empresa. No tenemos ningún ahorro. ¿Puedes orar para que conserve mi trabajo y así poder cuidar de mi familia?". ¡Aprovecha ese momento! Haz una breve oración, di amén y promete seguir orando.

En estos días de engaño debemos buscar las oportunidades que Dios nos da para compartir la verdad y el amor de Jesucristo. No permitamos que se desperdicie ninguna puerta abierta, literal o figuradamente.

CAPÍTULO 2

DESLUMBRADOS POR IMPOSTORES ESPIRITUALES

¿Cuántas veces has escuchado a personas añorar los buenos viejos tiempos, imaginando que de alguna manera eran más simples y fáciles que ahora? Creo que los cristianos caen en la misma trampa cuando expresan este deseo: "Si tan solo viviéramos en los días del Nuevo Testamento". Pero la verdad es que esos días no fueron más fáciles. Los cristianos del primer siglo soportaron persecución desde afuera y la amenaza de enseñanzas falsas desde adentro. Ser creyente requería vigilancia. Esto también es cierto hoy, lo que nos lleva a un tema muy serio y crítico: identificar un falso profeta o un falso maestro. Este es un tema incómodo que generalmente resulta en un decrecimiento de la iglesia cuando se predica desde el púlpito, pero espero que me sigas: es muy importante para tu crecimiento espiritual y tal vez incluso para tu destino eterno.

En Eclesiastés 1:9-10, Salomón hizo una observación interesante que es relevante para nuestros días: "Lo que ya ha acontecido volverá a acontecer; lo que ya se ha hecho se volverá a hacer. ¡No hay nada nuevo bajo el sol! Hay quien llega a decir: '¡Mira que esto sí es una novedad!'. Pero eso ya existía desde siempre, entre aquellos que nos precedieron".

La declaración de Salomón sobre cosas del pasado que volverán a suceder en el futuro me recuerda cuando vi el Desfile de las Rosas del día de Año Nuevo. Tu vista del desfile depende de dónde estés sentado: adelante, a la mitad o atrás. Tu posición indica cuándo verás al gran mariscal, la banda de música de la Universidad del Sur de California [USC] y las espectaculares carrozas. Aquellos que tengan la suerte de estar en uno de los helicópteros que se encuentran en lo alto o en el dirigible *Goodyear*, podrán tener una vista aérea de todo el desfile, de principio a fin, todo a la vez.

De manera similar, cuando miramos la totalidad de las Escrituras, obtenemos una visión panorámica de los desafíos de los engaños pasados, los que están sucediendo ahora y los que la Biblia dice que aún son futuros. Cuando se trata de engañadores, debemos estar atentos porque "no hay nada nuevo bajo el sol".

LOS IMPOSTORES ESTÁN ENTRE NOSOTROS

Jesús advirtió que, a medida que se acercara el fin de los tiempos, el engaño aumentaría. Por lo tanto, tiene sentido esperar que surjan impostores hábiles y persuasivos en todos los sectores de la sociedad. Expertos, profesores, políticos e, incluso, empresas están aprovechando cada oportunidad para ejercer su influencia sobre ti. Cada vez que entras a las redes sociales, enciendes la televisión, abres un libro o escuchas un pódcast, hay alguien esperando, listo para influir en tu forma de pensar. Me vienen a la mente dos grandes preguntas: ¿Quién capta tu atención? ¿A quién le estás permitiendo influir sobre ti?

Tienes que ser sabio y discernir a quién sigues porque —escucha cuidadosamente— el mundo empresarial, las instituciones educativas y los medios de comunicación no son los únicos dominios de los engañadores. También los encontrarás en púlpitos y ministerios. Oh, pueden ser oradores increíbles; inteligentes, divertidos y carismáticos, pero están empeñados en llevarte por un camino de destrucción. Las enseñanzas heréticas han invadido iglesias que alguna vez fueron saludables y han cruzado las líneas denominacionales. Aún más aterrador es el hecho de que no tienes que salir de casa para convertirte en su presa.

Hay grandes pastores y maestros capacitados en la radio, la televisión e internet, pero no a todos los que están allí vale la pena escucharlos, y sé que Jesús estaría de acuerdo conmigo. Cuando piensas en Jesús, es posible que tiendas a recordar la versión mansa y apacible de Él en la escuela dominical, pero cuando denunció a los falsos profetas, la palabra que me viene a la mente es *furioso*.

Jesús advirtió:

> No todo el que me dice: "Señor, Señor", entrará en el reino de los cielos, sino solo el que hace la voluntad de mi Padre que está en el cielo. Muchos me dirán en aquel día: "Señor, Señor, ¿no profetizamos en tu nombre y en tu nombre expulsamos demonios e hicimos muchos milagros?". Entonces les diré claramente: "Jamás los conocí. ¡Aléjense de mí, hacedores de maldad!" (Mateo 7:21-23).

¿Te imaginas la justificación que estos perversos engañadores tendrán que tener cuando se presenten ante Jesús en el día del juicio?

—Señor, ¿no he profetizado en tu nombre?

—Sí, pero no estaba hablando contigo. Nunca te habría dicho que dijeras esas cosas.

—¿Qué hay de los demonios que expulsé? ¡Y no olvides todas esas grandes cosas que hice en tu nombre! A la gente le encantaba cuando yo llegaba a la ciudad.

Los impostores pueden vincular el nombre de Jesús a sus ministerios, pero al final, Jesús no tendrá más remedio que decir: "Apártate de mí. ¡Nunca te conocí!".

Jesús emitió la misma condena a los escribas y fariseos hiperreligiosos cuando dijo: "¡Ay de ustedes!" (Mateo 23:23), que literalmente significa: "Malditos sean". Entre otras cosas, Jesús los reprendió por ser "como sepulcros blanqueados. Por fuera lucen hermosos, pero por dentro están llenos de huesos de muertos y de impurezas. Así también ustedes, por fuera dan la impresión de ser justos, pero por dentro están llenos de hipocresía y de maldad" (versículos 27-28).

Estos dos pasajes dejan claro que, incluso en los círculos religiosos, las apariencias pueden ser engañosas. Si quieres saber la verdad sobre los engañadores, debes mirar más allá de la superficie.

POR SUS FRUTOS LOS CONOCERÁN

No creas que los falsos maestros y profetas entrarán a la iglesia vestidos de una manera que los identifique como enemigos. Si eso fuera cierto, los ujieres los echarían antes de que pudieran sentarse. Según Jesús, muchos parecerán bastante inofensivos, pero quieren comerte vivo:

> Cuídense de los falsos profetas. Vienen a ustedes disfrazados de ovejas, pero por dentro son lobos feroces. Por sus frutos los conocerán. ¿Acaso se recogen uvas de los espinos o higos de los cardos? Del mismo modo, todo árbol bueno da fruto bueno, pero el árbol malo da fruto malo. Un árbol bueno no puede dar fruto malo y un árbol malo no puede dar fruto bueno. Todo árbol que no da buen fruto se corta y se arroja al fuego. Así que por sus frutos los conocerán (Mateo 7:15-20).

No debería sorprendernos que los falsos maestros y profetas den malos frutos. No pueden evitarlo: es su naturaleza. La ley de Dios, tanto en la naturaleza como en el ámbito sobrenatural, es que, cuando se planta maíz, crece maíz, no girasoles. Todo lo que un hombre siembre es lo que cosechará, porque como la semilla que se planta en la tierra, lo que ha sembrado germinará, brotará y luego crecerá hasta convertirse en su realidad.

Hay muchos pasajes en la Biblia que describen a los falsos maestros y profetas, pero 2 Pedro 2:10 y 2 Timoteo 3:1-5 son excelentes lugares para comenzar cuando observamos los tipos de frutos que producen estas personas.

En 2 Pedro 2:1-22, el apóstol Pedro tenía mucho que decir acerca de los falsos maestros. Sé que los traductores de la Biblia dividieron la Palabra de Dios en capítulos y versículos, pero en el texto griego original, este pasaje era uno de los párrafos más largos de las Escrituras. Es como si una vez que Pedro comenzara, no quisiera detenerse. Desearía tener espacio para cubrir los 22 versículos —el pasaje es muy rico—, pero quiero centrarme en el versículo 10, donde leemos acerca de "los que siguen los corrompidos deseos de la naturaleza humana y desprecian la autoridad. ¡Son atrevidos y arrogantes!".

Inmundicia

El peligro de los falsos maestros es que no tienen problema en vivir según sus propios deseos, empezando por la inmundicia. La palabra inglesa *uncleanness* suena como algo sucio o indeseable, pero es un poco más colorida en griego koiné. Significa "contaminación, inmundicia, decadencia y podredumbre". Escucha, eso ya es bastante malo, pero ahora imagina un pozo donde se ha acumulado humedad en las paredes. Puedes oler un hedor grotesco y los insectos revolotean sobre animales muertos e hinchados que flotan en un lodo espeso.

¿Estoy haciéndolo demasiado asqueroso para ti? Ni un poco: no puedo hacer justicia al texto griego original. Mi imaginación no es lo suficientemente vívida.

La Biblia es increíblemente gráfica cuando describe la miseria de estos hombres y mujeres. Lamentablemente, entienden lo que están haciendo y tergiversan enseñanzas de las Escrituras como "donde abundó el pecado, sobreabundó la gracia" (Romanos 5:20) para justificar su abuso de drogas, alcoholismo o escapadas sexuales.

Insolentes, obstinados y rebeldes

Además de ser impuros, los falsos maestros son insolentes (soberbios) y obstinados (autosuficientes). Es difícil creer que pudieran afirmar ser ministros de Cristo y vivir una vida dedicada a sí mismos. Yo diría que es un oxímoron. Pero claro, el pecado siempre se excede; no tiene autocontrol. Dale la mano y te tomará el brazo. Los falsos maestros voluntariamente se ponen por encima de toda autoridad, incluso la de Dios, en su búsqueda de autogratificación y engrandecimiento.

LOS CONOCERÁS POR LO QUE AMAN

Cuando lees un pasaje de las Escrituras, es una buena idea buscar palabras o frases repetidas. Hacerlo te ayudará a captar las ideas clave que el escritor está comunicando. Señalo esto porque el Espíritu Santo está llamando nuestra atención en el siguiente pasaje hacia algo revelador de los falsos maestros. La palabra "amadores" se menciona cuatro veces en cinco versos. Cuando el sabio y anciano Pablo le escribió a Timoteo, le advirtió al joven pastor que los falsos maestros serían amadores de sí mismos, del dinero y de los placeres, pero no de Dios.

> También debes saber esto: que en los postreros días vendrán tiempos peligrosos. Porque habrá hombres amadores de sí mismos, avaros, vanagloriosos, soberbios, blasfemos, desobedientes a los padres, ingratos, impíos, sin afecto natural, implacables, calumniadores, intemperantes, crueles, aborrecedores de lo bueno, traidores, impetuosos, infatuados, amadores de los deleites más que de Dios, que tendrán apariencia de piedad, pero negarán la eficacia de ella; a estos evita (2 Timoteo 3:1-5, RVR60).

Amadores de sí mismos

Una característica que siempre veo en las personas que se aman a sí mismas es la ambición. Están decididas a construir su reino en lugar del de Dios. Les encanta ser el centro de atención, y los encontrarás al frente de alguna manera, alimentándose de rostros de admiración que apuntan en su dirección. La afirmación de los demás les da un sentido de influencia y superioridad. Pero cuando no puedan maniobrar para ascender a una posición de autoridad, socavarán el liderazgo existen-

> El pecado siempre se excede; no tiene autocontrol. Dale la mano y te tomará el brazo.

te. Se quejarán y criticarán cómo llevan o dejan de llevar adelante su ministerio, mientras se promocionan a sí mismos y a sus ideas (Judas 16). Una vez que se den cuenta de que sus tácticas no están funcionando, seguirán adelante, yendo de iglesia en iglesia, hasta obtener los resultados que desean.

Es cierto que todos somos culpables de murmurar y quejarnos de vez en cuando. Cuando nos descubrimos haciéndolo, debemos arrepentirnos, porque las actitudes y palabras negativas deshonran a Dios. La diferencia aquí es que el quejoso egocéntrico escupe el mal de su corazón como una práctica habitual. A ese tipo de personas no les importa si causan discordia y división entre los hermanos. Todo tiene que ver consigo mismos, y Dios dice de este tipo de comportamiento que lo aborrece (ver Proverbios 6:16, 19).

Amantes del dinero

Después de su amor a sí mismos, algunos falsos maestros son "amantes del dinero" (ver 2 Timoteo 3:2, PDT). La primera carta de Timoteo 6:5 nos dice que muchas de estas personas ven el ministerio como un medio de ganancia financiera. Según el Nuevo Testamento, los ministros cristianos tienen derecho a recibir apoyo financiero, pero los falsos maestros se dedican a trabajos religiosos para llenarse los bolsillos saqueando al rebaño. Orarán por ti con una mano en tu hombro y la otra en tu billetera.

Hay ministerios televisivos, radiales y en línea que presionan a sus seguidores diciéndoles: "Ayúdanos a mantener nuestras puertas abiertas o a mantenernos en el aire. Envíanos tu dinero para que este ministerio pueda continuar. ¡Hazlo ya!". O también, "Envía tu semilla de dinero. Envía tu semilla de fe y Dios te bendecirá". Eso es herejía, amigo mío. En ninguna parte de la Biblia Dios dice: "Necesito o quiero tu dinero". Sin embargo, eso es lo que sugiere este tipo de pedidos. Me dan ganas de gritar: "¿Qué tal si actúas según tu fe sin quitarle dinero a nadie menos afortunado, y mucho menos el cheque de pensión de la abuela y el abuelo? ¿Por qué no actúas por fe practicando lo que predicas? Muchos de estos mismos maestros se han vuelto multimillonarios estafando a la iglesia. No tienen miedo de hacer alarde de sus costosos trajes, joyas, relojes y estilos de vida; ¡incluso se jactan de su prosperidad!

No estoy diciendo que los ministros de Dios tengan que vivir como pobres para ser verdaderos ministros. Tampoco estoy diciendo que esté mal que una iglesia le pida a la congregación que adore mediante el apoyo regular a la iglesia y sus ministerios. Solo estoy señalando a aquellos que usan tácticas de manipulación para las donaciones, y pidiéndote que hagas tu tarea y compares las declaraciones de un maestro con lo que encuentras en la Palabra de Dios.

Amadores del placer más que de Dios

Hay dos amores en directa oposición entre sí en la frase "amadores de los deleites más que de Dios" (2 Timoteo 3:4, RVR60). Un amor implica complacencia y conformidad, y el otro, santificación y santidad. Amante del placer describe a una persona que ha elegido una vida cómoda y gratificante en lugar de un amor incondicional a Dios. Han sido engañados, como Balaam, haciéndoles pensar que pueden abrazar al mundo y de alguna manera seguir sirviendo a Dios. Menciono a Balaam porque 2 Pedro 2:15 (RVR60) vincula a los falsos profetas del Nuevo Testamento con este profeta del Antiguo Testamento: "Han dejado el camino recto, y se han extraviado siguiendo el camino de Balaam, hijo de Beor, el cual amó el premio de la maldad".

Leer 2 Pedro 2:15 suena serio, pero si lo lees en el idioma del Nuevo Testamento, el griego koiné que hablaba Pedro, la intensidad de las palabras te hará sentir miedo. Esta es una grave advertencia de que ningún ministro está exento de terminar como Balaam.

Te animo a que leas el relato completo de Balaam para comprender la gravedad de su pecado. En resumen, el rey de Moab, Balac, le ofreció un soborno a Balaam para que maldijera al pueblo de Dios. El profeta sabía que no podía maldecir lo que Dios no había maldecido (Números 23:8), así que encontró una manera de transar y eludir el mandato de Dios, dándoles a él y a Balac lo que cada uno quería. Balaam le *enseñó a* Balac a "poner tropiezos a los israelitas, incitándolos a comer alimentos sacrificados a los ídolos y a cometer inmoralidades sexuales" (Apocalipsis 2:14; ver Números 22:5—24:25).

Hacer concesiones se ha convertido en un cáncer dentro de la iglesia de hoy, y ha llevado al deterioro de lo que debería ser un cuerpo saludable de Cristo. ¿A quién respetas espiritualmente? ¿A quién ha usado el Señor para influir en tu vida? ¡Ora por ellos! Intercede fervientemente por tu pastor y tu iglesia. Ora para que se mantengan fuertes y firmes y no sucumban a los ataques satánicos contra ellos las veinticuatro horas del día, los siete días de la semana.

Ahora sería un buen momento para detenerte y pensar en los pastores, iglesias y ministerios que tú apoyas. Si te sientes incómodo al hacerlo, entonces podría ser que te hayas dado cuenta de que las personas que acabo de describir están entre aquellas a las que les has estado dando los recursos que Dios te dio. Te gustó su personalidad y su proyecto. Compraste su libro más vendido. Pero ahora debes decidir si

seguir la verdad bíblica o la emoción del momento. Con tanto engaño teniendo lugar en el nombre de Cristo, debemos ejercer sabiduría
con respecto a quién apoyamos. Creo que hacer las siguientes preguntas puede resultar útil:

- ¿Cómo son estas personas cuando no están en el púlpito o en el
  escenario? ¿Sus estilos de vida y actitudes están en consonancia
  con lo que enseñan? ¿Puedes verificarlo?
- ¿Sabes cómo se mueven cuando viajan? ¿Son como todos los
  demás o buscan un trato especial?
- ¿Sabes adónde va el dinero del ministerio y qué porcentaje se
  destina realmente a este propósito?

LOS CONOCERÁS POR SUS HEREJÍAS DESTRUCTIVAS

En lugares donde se enseña constantemente la verdad de la Palabra de
Dios, las Escrituras nos alertan de que eventualmente también habrá
falsos profetas y maestros. "En el pueblo hubo falsos profetas. También
entre ustedes habrá falsos maestros que encubiertamente introducirán
herejías destructivas, al extremo de negar al mismo Soberano Señor
que los rescató. Esto les traerá una pronta destrucción" (2 Pedro 2:1).

Los falsos maestros se cuelan en las congregaciones sin que nadie
se dé cuenta. Son amigables, amables, a menudo carismáticos y están
ansiosos por involucrarse en posiciones de liderazgo; buscan a quienes no conocen muy bien la Biblia. Luego, cuando llega el momento
adecuado, se ponen a trabajar. A menos que estén enseñando descaradamente doctrinas falsas, la mayor parte de lo que enseñan es verdad bíblica, hasta que, poco a poco, empiezan a introducir mentiras.
Sugerirán opciones o elecciones que son atractivas pero que no tienen
base bíblica.

Las opciones son buenas al pedir helado o pizza, pero la Biblia
es clara en que no podemos elegir nuestro propio estilo de doctrina.

Tomemos, por ejemplo, la doctrina de la salvación. Cuando la Biblia dice que hay un solo camino al cielo (Juan 14:6), significa que hay un solo camino. Pero llega el falso maestro que te da una palmada en el hombro y dice: "El Espíritu Santo me ha dado una visión única. Te mostraré cómo todos los caminos conducen a Dios si eres sincero". Técnicamente, esa persona tiene razón. Todos los caminos llevan a Dios en el juicio, pero solo uno conduce al cielo.

Pedro nos advirtió que las herejías destructivas se introducen en secreto. La palabra griega usada para "introducir" implica que un mensajero, ministro o pastor trae la información. Personas sinceras llamarán a tu puerta y te presentarán revelaciones que, según dicen, Dios les dio a sus profetas. Quiero dejar muy claro que, en lo que respecta a la fe cristiana, ya no habrá nuevas revelaciones. Dios nos ha dado la Biblia y ha terminado de hablarnos. ¿Cómo podemos saberlo con seguridad? La Palabra de Dios lo dice.

> Dios, que muchas veces y de varias maneras habló a nuestros antepasados en otras épocas por medio de los profetas, en estos días finales nos ha hablado por medio de su Hijo (Hebreos 1:1-2).

Y en Apocalipsis 22:18-19 leemos:

> A todo el que escuche las palabras del mensaje profético de este libro le advierto esto: Si alguno le añade algo, Dios le añadirá a él las plagas descritas en este libro. Y si alguno quita palabras de este libro de profecía, Dios le quitará su parte del árbol de la vida y de la ciudad santa, descritos en este libro.

Dios es inflexible: la Biblia es su última palabra. Ha terminado de hablar.

Respecto a la deidad de Jesucristo

Los falsos maestros son predecibles. Siempre son culpables de este único acto: socavar la deidad de Jesucristo. La deidad de Cristo ofende tanto a los religiosos como a los ateos. Aquellos que se adhieren a las creencias de la Nueva Era estarán de acuerdo en que Jesús es Dios, pero al mismo tiempo dirán: "¿Y qué? Él es simplemente otra encarnación de la deidad. De hecho, todos somos dioses". ¿Qué tan conveniente es eso? Si eres un dios, te conviertes en la única autoridad para dirigir tu vida. Incluso se podría argumentar que, como eres un dios, estás exento de rendir cuentas a alguien respecto a tus acciones. Tienes total libertad para hacer lo que quieras.

Cuando Dios dijo: "Hagamos al ser humano a nuestra imagen y semejanza" (Génesis 1:26), creó a las personas para que fueran la manifestación expresa de su naturaleza tangible. Lo que esto no significa es que, cuando Dios creó a la humanidad, inventó un segundo nivel o categoría de dios. Adán y Eva fueron creados perfectamente, pero de ninguna manera ellos eran Dios, y nosotros tampoco lo somos.

En lo que respecta a las personas religiosas, los Testigos de Jehová son un excelente ejemplo de un grupo que se identifica falsamente como cristiano, mientras socava la deidad de Cristo. Creen que Jesús es un ser creado, que es el arcángel Miguel en el Antiguo Testamento. Para llegar a esta conclusión hay que torcer, cambiar, malinterpretar y reinterpretar las Escrituras (ver 2 Pedro 3:16), que es exactamente lo que han hecho con su Traducción del Nuevo Mundo de la Biblia.

En el capítulo anterior vimos cómo la Biblia valida que Jesús es Dios, y aunque no quiero extenderme más en el tema aquí, quiero darte algunos versículos más para que los tengas listos la próxima vez que los visitantes de esta —o cualquier otra secta— llamen a tu puerta. Recuerda: estas no son opiniones de hombres; y esto es lo que dice la Palabra de Dios:

También sabemos que el Hijo de Dios ha venido y nos ha dado entendimiento para que conozcamos al Verdadero. Y estamos con el Verdadero, con su Hijo Jesucristo, que es Dios Verdadero y vida eterna (1 Juan 5:20).

No hay duda de que es grande el misterio de nuestra fe:
Él se manifestó como hombre;
fue justificado por el Espíritu,
visto por los ángeles,
proclamado entre las naciones,
creído en el mundo,
recibido en la gloria (1 Timoteo 3:16).

Mientras aguardamos la bendita esperanza, es decir, la gloriosa venida de nuestro gran Dios y Salvador Jesucristo. Él se entregó por nosotros para rescatarnos de toda maldad y purificar para sí un pueblo elegido, dedicado a hacer el bien (Tito 2:13-14).

También quiero enfatizar las graves consecuencias de la herejía de que Jesús no es Dios. Si eso fuera cierto, entonces su sacrificio en la cruz no sería suficiente para tu salvación, porque solo Dios podría pagar la condena por el pecado. Y si el sacrificio de Cristo no es suficiente, entonces eso significa que debes ganarte el camino al cielo, lo que anula la gracia de Dios. Quienes eliminan la deidad de Jesucristo también terminan destrozando la gracia de Dios.

Respecto a la gracia de Dios

Gracia es una palabra tremenda, entonces ¿por qué los falsos maestros y profetas la odian tanto? Porque la gracia está disponible para todos, no solo para unos pocos elegidos. La gracia de Dios te hace libre, te da libertad y te proporciona poder espiritual. Las sectas odian eso y los falsos profetas no lo toleran. El autor Hal Lindsey ha sido ampliamente citado como el creador de un acrónimo memorable que espero que te ponga la gracia en perspectiva: GRACIA = Las Riquezas de Dios a Expensas de Cristo.*

La gracia es el favor no ganado e inmerecido de Dios. Dios te ama tanto que cada día te provee el aliento que llena tus pulmones, la comida en tu mesa y la ropa que llevas puesta. ¡Él se preocupa por ti! Quizás digas: "Pero trabajé para esas cosas". La realidad es esta: el favor de Dios te proporciona la fuerza y la capacidad para levantarte cada mañana y hacer lo que tu día requiere. Él es quien satisface tus necesidades.

Las Escrituras nos dicen que la máxima expresión de la gracia de Dios ocurrió cuando Él entró en piel humana y dijo: "Pagaré toda tu deuda de pecado. Mi sangre te limpiará blanco como la nieve para que puedas entrar al cielo. No tienes que trabajar por nada de esto. Todo será pagado por mí". Pero las sectas dicen: "No, eso no es exactamente cierto". Ellos estarán de acuerdo en que eres salvo por la fe, la cual reconoces en Efesios 2:8-9. Entonces todo está bien, ¿verdad?

> Las escrituras nos dicen que la máxima expresión de la gracia de dios ocurrió cuando él entró en piel humana y dijo: "pagaré toda tu deuda de pecado".

¡Equivocado! Continúan y añaden: "Aún tienes que hacer todo lo que puedas". Ese, amigo mío, es el tipo de doctrina que enseñan muchos otros grupos religiosos, incluidos los mormones. Pablo advirtió a los creyentes sobre esta perversión del evangelio en Gálatas 1:6-8 y se maravilló de la forma en que algunas personas se apartan de la gracia. *El Comentario Bíblico del Expositor* [*The Expositor's Bible Commentary*] lo explica de esta manera:

---

* N. de la T.: Las palabras que corresponden a cada letra de este acrónimo obedecen a su sentido en inglés (GRACE = God's Riches At Christ's Expense).

La vehemencia con la que Pablo denuncia a quienes enseñan otro evangelio (literalmente, dice: "sean condenados") les ha molestado a algunos comentaristas, así como a otros lectores de la carta. Pero esto muestra qué poco se entiende y aprecia el evangelio de la gracia de Dios y qué poco se preocupan muchos cristianos por el avance de la verdad bíblica.[1]

Quiero pintar una imagen mental acerca de la gracia que espero que nunca pierdas. Imagina a Jesús colgado en la cruz y alguien acercándose y cortándole la pierna. Luego alguien más le quita un músculo pectoral y otro le pasa una cepilladora de carpintero a su piel.

Sé que esto te trae a la mente una imagen sangrienta y brutal, pero así es como la falsa doctrina brutalmente se deshace del sacrificio expiatorio que Jesucristo hizo en la cruz del Calvario. En mi opinión, eso es exactamente lo que sucede cada vez que alguien dice: "Puedo abrirme camino hasta el cielo". Si ese eres tú y crees que has arreglado tu vida, no estás ni siquiera cerca del reino de Dios. O si la salvación en Jesús implica algún tipo de trabajo, es probable que hayas escuchado la voz de un falso profeta. Jesús dijo: "Porque mi yugo es suave y mi carga es liviana" (Mateo 11:30).

Hermano, cada parte de la vida que disfrutas en Cristo es solo por gracia. Gracia más obras no es una opción. Es una herejía y Dios la detesta.

UNA ADVERTENCIA PARA TODOS

Los falsos maestros tienen un solo objetivo: robar o neutralizar a las ovejas. Jesús comparó a los que desvían a otros con "ladrones y salteadores" (Juan 10:7-8, RVC). Los ladrones de ovejas han estado merodeando por el campo desde que existen las ovejas. En los días de Jesús, cuando un ladrón llegaba a la cima de una colina y encontraba ovejas pastando, inmediatamente sabía qué hacer. Esta era justo la oportunidad que había estado esperando y estaba listo. Con él había una cabra entrenada para mezclarse entre las desprevenidas ovejas hasta que escuchara un silbido particular. Al oír el sonido, la cabra correría de tal manera que asustaría a las ovejas para que la siguieran de vuelta sobre la colina y atravesaran la pequeña puerta de un corral preparado. Entonces se sellaba la puerta y el ladrón ahora tenía en su poder el rebaño de otro hombre.

Si ponemos esa imagen en el contexto de una iglesia de hoy, el resultado es sorprendente, ¿no es así? Ahora puedes ver por qué mantener la sana doctrina es absolutamente vital para la salud y el bienestar del cuerpo de Cristo.

Jesús dijo: "El ladrón no viene más que a robar, matar y destruir; yo he venido para que tengan vida y la tengan en abundancia" (Juan 10:10). Los falsos maestros quieren robarte tu libertad en Cristo y reemplazarla con un evangelio falso y doctrinas falsas que te llevarán a la esclavitud. No permitas que ese sea tu destino.

Hemos analizado el engaño de los falsos maestros, pero también hay maestros en posiciones maravillosas con iglesias maravillosas, y todo en ellos parece maravilloso. Sin embargo, puedes darte cuenta, ya sea por su orgullo, arrogancia o el contenido de sus enseñanzas, de que se han apartado de un caminar personal diario con Jesús. Han descuidado el estudio sistemático de la Biblia y en consecuencia son susceptibles al engaño de las falsas doctrinas que están de moda actualmente. Sin un cambio de rumbo, su fe naufragará, lo cual es trágico. Igualmente trágico es que se llevarán consigo a muchos en sus congregaciones.

Quizás seas uno de esos pastores o maestros, o estés en una de esas congregaciones. Quiero compartir contigo una historia que escuché hace años, que subraya la importancia de prestar atención a las señales de advertencia de la Palabra de Dios.

En una tarde de niebla, un gran acorazado avanzaba a toda velocidad cuando los que estaban en el puente vieron un destello a lo lejos. A bordo iba un almirante, quien le pidió a un miembro de la tripulación enviarle una señal para establecer comunicación, lo cual hizo. La luz volvió a parpadear. Ante eso, el almirante dijo:

—Comunícate con ese *flash* de allí y diles que somos la Marina de los Estados Unidos.

Como respuesta, se vieron una serie de destellos.

—Dejen de avanzar. Den marcha atrás.

—Bueno, señor —le dijo el tripulante al almirante—, está diciendo que deje de avanzar. Ponga en reversa nuestros motores.

El almirante ya estaba indignado.

—Dile a esa persona del otro lado de la línea que somos la Armada de los Estados Unidos y que este es el mayor acorazado de todos los tiempos.

La respuesta fue:

—No avancen. Inviertan los motores. Refuerzos.

—Almirante, señor, está diciendo lo mismo otra vez.

—Dígale que yo soy el gran contraalmirante fulano de tal, y que somos la Armada de los Estados Unidos. Nadie nos dice a nosotros que nos regresemos. Vamos a toda velocidad. Somos la autoridad en estos mares abiertos. Somos el barco más poderoso que jamás se haya construido.

El miembro de la tripulación transmitió obedientemente el mensaje del almirante. Hubo una pausa de un momento antes de que la luz volviera a parpadear en respuesta.

—¡Soy el marinero de primera clase Jones y esto es un faro!

El marinero de primera clase Jones no tenía autoridad sobre el contraalmirante fulano de tal, y si el almirante hubiera querido, podría haber tomado ese gran barco y estrellarlo contra el faro. Pero el faro estaba asentado sobre un fundamento inamovible y seguro, ya fuera una roca, una isla o la costa. Del mismo modo, hoy estás en uno de estos dos lugares:

O estás firmemente asentado sobre la roca de tu salvación, Jesucristo, confiando en la sangre de Jesús y la gracia de Dios para asegurar el regalo de la vida eterna, que recibiste al aceptar a Cristo como tu Salvador. A ti te digo que sigas creciendo "en la gracia y en el conocimiento de nuestro Señor y Salvador Jesucristo" (2 Pedro 3:18) hasta el día en que Él venga a llevarte a casa.

O estás navegando por la vida pensando que estás bien, pero espiritualmente estás en un rumbo peligroso, como ese acorazado. Pero la verdad de Dios es como ese faro, y algún día te toparás con él. Si ese eres tú, te recomiendo: es hora de cambiar de rumbo.

CAPÍTULO 3

DESLUMBRADOS POR ESPÍRITUS ENGAÑOSOS

A finales de la década de 1930, cuando la televisión aún era nueva, los estadounidenses se enamoraron de los programas de concursos. Uno de los programas de mayor duración, *To tell the Truth* [Decir la verdad], fue un gran éxito entre los televidentes. En el programa, tres concursantes, todos afirmando ser la misma persona con una ocupación o experiencia inusual, se enfrentaban a un panel de cuatro celebridades. Dos de los concursantes mentían astutamente para evitar ser detectados como impostores, mientras que la persona real simplemente decía la verdad. El trabajo del panel era hacer las preguntas correctas y descubrir qué concursante era el verdadero. Como seguidores de Cristo, ¿no es este el dilema que enfrentamos hoy? ¿Descubrir quién está diciendo la verdad?

La pregunta de cómo sabemos quién dice la verdad nos lleva directamente a 1 Juan 4:1-6. Este fragmento de las Escrituras es fantástico para nosotros como creyentes y, por la naturaleza de su contenido, se aplica a nuestra época. Volveremos a estos seis versículos a lo largo del resto de este libro, así que comencemos.

> Queridos hermanos, no crean a cualquier espíritu, sino sométanlo a prueba para ver si es de Dios, porque han salido por el mundo muchos falsos profetas. En esto pueden discernir quién tiene el Espíritu de Dios: todo el que confiese que Jesucristo ha venido en cuerpo humano es de Dios; todo espíritu que no confiesa a Jesús no es de Dios, sino del anticristo. Ustedes han oído que este viene y, efectivamente, ya está en el mundo.

> Ustedes, queridos hijos, son de Dios y han vencido a esos falsos profetas, porque el que está en ustedes es más poderoso que el que está en el mundo. Ellos son del mundo; por eso hablan desde el punto de vista del mundo y el mundo los escucha. Nosotros somos de Dios y todo el que conoce a Dios nos escucha; pero el que no es de Dios no nos escucha. Así distinguimos entre el Espíritu de la verdad y el espíritu del engaño.

Aquí en 1 Juan se anuncia que existe una división: esta es espiritual y se manifestará físicamente en una reunión de creyentes. Ciertamente, la mayoría de los que leyeron la carta original tuvieron una idea de la división a la que Juan se refería, pero probablemente hubo algunos que no estaban muy seguros de qué estaba hablando. ¿Has notado en tu vida momentos en que las enseñanzas de la Biblia te han desafiado a pensar y hacer preguntas? A Dios le encanta cuando acudimos a Él con nuestras preguntas porque Él tiene respuestas para nosotros (Isaías 1:18).

Creo que es fundamental que busquemos la verdad en la Palabra de Dios por esta razón: el mandato de "probar los espíritus" así lo requiere de nosotros. Probar es una acción continua de juzgar las cosas a la luz de las Escrituras, y presupone una necesidad dentro del cuerpo de Cristo.

La iglesia es una institución divina creada por Dios y comprada con la sangre de Cristo; sin embargo, internamente somos tentados a extraviarnos. Es triste decirlo, es el factor humano. Cuando esto surge dentro de la iglesia, hay inclinaciones a suavizar la Palabra de Dios, a no ejercer la disciplina de la iglesia, a ser perezosos en cuanto a la doctrina y, en última instancia, a no preocuparse por esas y otras cosas. Sin embargo, algunos creyentes prefieren hacer la vista gorda y oídos sordos a lo que está sucediendo. A esas personas les digo: "Tengan cuidado". Es probable que termines como un avestruz que vi en un programa de naturaleza.

El equipo de cámaras capturó imágenes de esa gran ave escapando de un león tan rápido como podía, hasta que vio un agujero en el suelo y metió la cabeza. Lo primero que pensé fue: *¿Por qué?* Seguido de: *¿Qué estaba pensando?* ¿Era un caso de negación? ¿Acaso estaba diciendo: "Si no veo al león, él no puede verme a mí"? Fuera lo que fuese, el truco no funcionó. Lo siguiente que vi fue una nube de polvo y una columna de plumas en el aire. ¿Cuál es la lección aquí? Fingir que algo malo no existe no significa que no pueda hacerte daño.

HAZ MUCHAS PREGUNTAS

La atea Madalyn Murray O'Hair, ya fallecida, fue etiquetada como "la mujer más odiada de Estados Unidos".[1] Sin embargo, si ella estuviera viva hoy y se acercara a ti y te dijera: "Demandé al gobierno y obligué a los distritos escolares a eliminar la oración de las aulas de tus hijos", ¿te sentirías amenazado? ¿Qué tal si se te acercara un auténtico satanista vestido con un atuendo extraño? Dudo que te sientas intimidado por alguno de ellos, porque es fácil ver que sus mensajes y creencias son descaradamente anticristianos. El engaño directo es fácil de detectar, pero es posible que te sorprendas del grado en que el engaño ha permeado el cristianismo.

Dondequiera que encuentres una obra de Dios y del Espíritu Santo con rienda suelta para hacer lo que quieran, encontrarás a Satanás, tu enemigo, trabajando. Déjame recordarte: Jesús tenía una pequeña iglesia de doce personas, y uno de ellos tenía un plan diabólico.

La Biblia dice que debemos escudriñar y tener cuidado con aquellos que operan bajo el manto de la religión, específicamente aquellos que se identifican como pastores y líderes ministeriales. Deberías poder cuestionar el liderazgo cristiano. Cuando no puedas, necesitarás evaluar seriamente si es mejor salir de esa iglesia y alejarte de ese ministerio. Entiendo que los líderes del ministerio deben ejercer sabiduría al responder preguntas porque la información puede tergiversarse y distorsionarse. Pero algo anda mal cuando una iglesia es sigilosa y no puede soportar ser puesta a prueba.

A partir de este momento en tu caminar cristiano, te animo a pensar críticamente y hacer muchas preguntas sobre la Biblia misma y sobre tus compañeros creyentes. Puedes comenzar preguntando:

¿A quién debería examinar? ¿En qué contextos los veré?
¿Sobre qué clase de espíritus nos advierte la Biblia? ¿Qué los impulsa?
¿Qué significa probar los espíritus?
¿Qué debo hacer con mis nuevos conocimientos?

Estas son solo algunas de las preguntas que quizás quieras hacerte. Estoy seguro de que se te ocurrirán más, ¡así que adelante!

NO CREAS A TODO ESPÍRITU
Espíritus erróneos

Odio decirlo, pero la gente forma su doctrina a partir de todo tipo de fuentes. Cada año, generalmente alrededor de la Pascua, las revistas publican artículos religiosos que serían ridículos si no fueran tan dañinos. Hace algún tiempo, la portada de *US News & World Report* trataba sobre el infierno.[2] La portada de la revista mostraba a Satanás vestido con una camisa y pantalones cortos hawaianos, sosteniendo una bebida alta coronada por una sombrilla de cóctel. Las llamas del infierno se podían ver al fondo, mientras chicas en bikini abanicaban a un hombre despreocupado. Según la investigación citada en el artículo, el infierno no era tan malo como se pensaba. El 8 de mayo de 2020, la revista *Time* publicó un artículo titulado "Lo que Jesús realmente dijo sobre el cielo y el infierno", escrito por un profesor liberal de estudios religiosos del Nuevo Testamento. En el artículo, el autor le dio su propio giro a la enseñanza de Jesús sobre el infierno al fusionarla con la de Sócrates. ¿Su conclusión? Ahora sabemos que el infierno no es lo que nos han enseñado. ¡Qué conveniente para Satanás y engañoso para aquellos atados a su pecado!

Independientemente de que los lectores se dieran cuenta o no, en el momento en que terminaban de leer cualquiera de esos artículos, se enfrentaban a una prueba. ¿Me compro la creencia de que el infierno tampoco es para tanto, o creo lo que dice la Biblia? Jesús dijo que el infierno es un lugar real de tormento eterno donde hay "llanto y crujir de dientes" y "no morirá el gusano que los devora ni su fuego se apagará" (Lucas 13:28; Marcos 9:48). Él murió para que no tengas que ir allí.

Es necesario preguntarse: ¿quién sale ganando si desecho la Palabra infalible de Dios, vivo como me plazca y heredo los horrores del infierno? ¿Y por qué Jesús fue a la cruz si el infierno es una alternativa aceptable al cielo?

Juzga tú mismo cuál es el espíritu de verdad y cuál es el espíritu de error.

Espíritus mentirosos

Jesús advirtió a los creyentes que a medida que se acerca el fin de los tiempos: "Vendrán muchos que, usando mi nombre, dirán: 'Yo soy el Cristo', y engañarán a muchos" (Mateo 24:5). La palabra griega traducida como "nombre" significa "autoridad". Ha habido y todavía hay hombres que se proclaman el Mesías y engañan a muchos. Pero hay muchos más que afirman tener la autoridad para hablar como representantes de Jesús. El apóstol Pablo los llamó "falsos apóstoles, obreros estafadores, que se disfrazan de apóstoles de Cristo" (2 Corintios 11:13). ¡Vaya! El mismo Pablo que escribió esa dura condena también escribió los versos poéticos sobre el amor que leemos en 1 Corintios 13. Si crees que el amor es la aceptación completa de todo y de todos, podrías considerarlo un hipócrita. Pero el verdadero amor es decir las cosas como son para que la gente no siga el camino de la destrucción.

Hace varios años, tuve el honor de formar parte de un grupo de asesores del Departamento de Seguridad Nacional sobre la amenaza del islam radical y cómo los islamistas ven a Occidente, específicamente a Estados Unidos. Estábamos centrados en la amenaza constante que enfrenta el país con respecto a la infiltración silenciosa y a veces casi invisible de extremistas que buscan destruir a Estados Unidos desde adentro. En ese grupo, el estándar predominante era que si algo se ve, hay que decirlo. Mientras trabajábamos juntos, no pude evitar notar que el estándar que se utilizaba se alineaba perfectamente con las advertencias de Pablo y de otros. En otras palabras, si ves algo, di algo.

Pablo llamó "falsos" a los impostores espirituales, o como dice el texto original en griego, *pseudo*. Entendemos que el prefijo *pseudo* significa "no genuino". Espiritualmente hablando, significa ser un impostor y, curiosamente, un maestro descarriado. Los obreros engañosos saben que están fuera del rumbo e intencionalmente desvían a sus estudiantes aún más que ellos mismos, haciéndolos "dos veces más merecedores del infierno" (Mateo 23:15).

Pablo no se contentó con detenerse en exponer a los falsos maestros a quienes Jesús llamó lobos rapaces vestidos de ovejas (ver Mateo 7:15). Les quitó las máscaras y miró debajo de la lana, mostrándonos el espíritu que hay detrás de los impostores; reveló quién es su jefe. Pablo dijo que no es de extrañar que los falsos maestros puedan hacer lo que hacen: "Y no es de extrañar, ya que Satanás mismo se disfraza de ángel de luz. Por eso no es de sorprenderse que sus servidores se disfracen de servidores de la justicia" (2 Corintios 11:14-15). Es cierto: Satanás puede cambiar su apariencia exterior, pero le es imposible cambiar qué y quién es en realidad, y lo mismo se aplica a sus servidores. Es como si yo decidiera renovar mi jardín delantero desenterrando las hermosas secuoyas y reemplazándolos con cactus del desierto. He logrado una apariencia completamente nueva, pero el hecho es que sigue siendo mi jardín.

Espíritus demoníacos

Hay espíritus literales (entidades demoníacas) que impulsan la increíble cantidad de falsa doctrina y otras formas de engaño en el mundo de hoy. Tú y yo no podemos —ni queremos— verlos, pero son reales. En Job 1:7, leemos: "El Señor preguntó: '¿De dónde vienes?' Entonces Satanás respondió al Señor y dijo: 'Vengo de rondar la tierra, y de recorrerla de un extremo a otro'". El hormigón y el metal no pueden restringir los movimientos de Satanás. Él puede atravesar edificios y coches. Vaga por la tierra y está trabajando ahora mismo para descarrilar tu vida y la mía. Satanás quiere impedirnos vivir como luminares y testigos del mundo.

Podrías estar leyendo esto, pensando: *Vale, entiendo lo que estás diciendo. ¿Y qué? Estoy bien.* ¡No te dejes engañar! Los ataques demoníacos no siempre vienen como un gran ataque. A menudo aparecen sigilosamente cuando menos lo esperamos. Quizás puedas identificarte con este escenario. Estás en la iglesia, bien vestido, sintiéndote bien y alabando al Señor. Incluso podrías estar cantando "Cuán grande es Él", pero estás un poco preocupado y tu mente comienza a divagar. Lo siguiente que sabes es que tus pensamientos saltan a un lugar al que no deberían ir. ¡Vaya! ¿Qué acaba de suceder? Pensamientos y emociones impulsados por demonios.

Como una araña, Satanás ya estaba tejiendo sutilmente una red mucho antes de este momento; así es como opera. Parte de la astucia del diablo es hacerte creer que lo estás haciendo bien mientras él trabaja tranquilamente. Él hace todo lo posible para tejer mentiras dentro y alrededor de tu corazón, mente, espíritu y alma, hasta el punto de tenerte atado y cautivo.

Si te asusta la idea de un engaño impulsado por demonios, esto es lo que debes recordar: "El que está en ustedes es más poderoso que el que está en el mundo" (1 Juan 4:4). Y "no nos ha dado Dios un espíritu de cobardía, sino de poder, de amor y de dominio propio" (2 Timoteo 1:7, RVC).

PRUEBA TODAS LAS COSAS

A estas alturas quizás te estés preguntando: *¿Cómo puedo saber si mis pensamientos y creencias, o las ideas de los demás, son de Dios o no?* ¡Gran pregunta! La respuesta llega cuando pones a prueba esos pensamientos o ideas.

La mayoría de la gente ha oído hablar de la fiebre del oro de California. Mineros de todo el mundo llegaban en busca de riquezas, pero nunca podían estar seguros de que lo que habían encontrado era real hasta que el tasador ponía a prueba su bolsa de rocas. Demasiados descubrieron que no todo lo que brillaba era oro. El oro de esas pobres almas resultó ser pirita (oro de los tontos), que parece precioso, pero no tiene valor.

Del mismo modo, la única manera de saber si lo que crees es oro fino o digno de ser tirado a la basura es actuar como tasador y ponerlo a prueba. La amonestación de Juan en 1 Juan 4:1 (RVC) que dice "pongan a prueba a los espíritus" es la misma que la palabra de Pablo a los creyentes tesalonicenses de "sométanlo todo a prueba" (1 Tesalonicenses 5:21). ¿Qué significa "todo"? *¡Pues, todo!*

Prueba lo que escuchas

No importa el idioma que hables, una palabra específica puede tener diversos significados. Tomemos, por ejemplo, la palabra *'spam'* [correo basura]. El *spam* es un producto de carne enlatada, solo que alguien con sentido del humor adaptó el término como jerga para referirse al correo electrónico no deseado en su bandeja de entrada. Pero a diferencia de los usos legítimamente diferentes de las palabras, hoy vemos un esfuerzo decidido por parte de algunas personas para manipular y redefinir palabras y conceptos para que puedan crear narrativas que se adapten a sus propósitos. Vimos esto con las artimañas de un expresidente y con qué facilidad alteró la definición de 'sexo'. Cada vez que un entrevistador de los medios intentaba que definiera lo que quería decir, daba una explicación que no era el verdadero significado de la palabra. La gente se fastidiaba y las agencias de noticias se burlaban de él porque se apegaba a su falsa definición. Pero cuanto más se repetía este uso, más aceptada culturalmente era su narrativa.

Una redefinición similar conduce a errores en la ciencia. Por ejemplo, cuando el eminente paleontólogo y biólogo Steven Gould habló de la definición de 'ciencia', dijo: "La ciencia tiene su tema (el mundo material) y la religión el suyo (discurso moral) y cada una deja a la otra mucho espacio".[3] Si profundizas en las creencias personales de Gould, podrás ver cómo influyeron en su nueva definición, haciéndola compatible con la falacia de la evolución. Durante siglos, los científicos han creído que las verdades empíricas y evidentes forman la base de la ciencia pura, lo que hace que la *teoría* de la evolución sea imposible. Los intentos de Stephen Gould de redefinir la ciencia se ajustan convenientemente a su narrativa personal, pero no resisten el escrutinio.

La redefinición de las palabras no se limita al mundo secular; las sectas religiosas lo han estado haciendo durante años. Han sacado términos como 'nacido de nuevo', 'lleno del Espíritu', y 'doctrina' directamente del cristianismo bíblico y están usando un diccionario diferente para definirlos. Ojalá pudiera decir que las falsedades se limitan a las sectas, pero no es así. El cristianismo dominante está siendo testigo de mucha división, y no me refiero a líneas denominacionales (aunque eso también es cierto). El abismo entre la verdad y el error se está ensanchando en muchas áreas.

Ejercer habilidades críticas de escucha y pensamiento es esencial cuando oímos afirmaciones como: "Voy a la cruzada de esta noche porque el orador es muy carismático". 'Carismático' es una gran palabra. Espero que tú y yo seamos considerados carismáticos, porque significa la capacidad de inspirar a las personas.

No hay nada de malo en ser carismático, pero el engaño surge cuando entras a un servicio "carismático", escuchas a alguien hablar en una lengua supuestamente desconocida y se da un mensaje hablado como interpretación. ¡Incorrecto! En ese mismo momento, lo que ocurrió está inmediatamente fuera de la Palabra y la voluntad de Dios. ¿Cómo nos damos cuenta? Primera de Corintios 14:2 dice que la persona que ejerce el don de hablar en lenguas no está hablando a los hombres sino a Dios. Entonces, naturalmente se deduce que la interpretación no sería un mensaje para la congregación sino más bien una oración, alabanza o acción de gracias a Dios.

¿Estás dispuesto a abandonar dicho servicio? Te lo ruego. Pero, desafortunadamente, el deslumbramiento de los espíritus engañosos permite que las personas vayan a las iglesias, semana tras semana, sin siquiera cuestionar si aquello en lo que están participando es correcto según las Escrituras.

Prueba lo que ves

El dicho "ver para creer" suena como salido de una campaña publicitaria moderna, pero la idea se originó en los antiguos griegos. Los griegos pensaban que ver y saber eran lo mismo. Hoy diríamos: "¡Oye, lo vi con mis propios ojos, así que tiene que ser verdad!". No siempre.

Cuando Pablo advirtió sobre los falsos maestros, los comparó con los magos de Faraón, Janes y Jambres (2 Timoteo 3:8). ¿Por qué? Cuando Moisés arrojó su vara al suelo y esta se convirtió en una serpiente, ¿quién hizo que la vara se convirtiera en una serpiente? Dios lo hizo. Cuando Janes y Jambres imitaron a Moisés y sus palos se convirtieron en serpientes, ¿quién lo hizo? Satanás. Ver no siempre debería resultar en creer.

En los últimos días, la gente seguirá señales y prodigios mentirosos según la obra de Satanás. Nuevamente, por favor comprendan esto: se acerca un mal muy real, extremadamente poderoso e increíblemente hermoso que no se parece a nada que este mundo haya visto jamás. Y ten en cuenta que su motivo es siempre el engaño. Entonces, imagina si vieras a un niño sin una mano y un hombre orara en un nombre que no es el de Jesús, y una mano comenzara a crecerle. ¿Comenzarías a seguir a esa persona porque viste que sucedió algo supuestamente sobrenatural, o probarías la situación con la doctrina bíblica?

Permíteme acercarte esta situación aún más. Tienes cáncer, sin esperanzas de recuperación. Hay un hombre en la calle que no está predicando a un Jesús bíblico, pero está organizando un servicio de sanación. Se ha informado que personas han sido sanadas, incluyendo algunas que tienen tu tipo de cáncer. ¿Irías? ¿La posibilidad de que te quiten el cáncer te haría tirar la doctrina bíblica por el desagüe? Esa es la prueba.

En cada uno de los casos anteriores, desde lo que escuchas hasta lo que ves, tu trabajo es investigar y asegurarte de que estás hablando el mismo lenguaje espiritual. Necesitas un espíritu de discernimiento que escuche atentamente, juzgue doctrinalmente y pruebe todo con la Palabra de Dios. ¿Recuerdas cuando Satanás torció las Escrituras en un intento de lograr que Jesús hiciera pan con una piedra (Lucas 4:3)? Comprender la buena teología y la sana doctrina no es solo para pastores y líderes de la iglesia. Ellos son *tus* herramientas para probar los espíritus.

MANTENTE CENTRADO

Tú y yo estamos viendo caer a nuestra izquierda y a nuestra derecha a personas que pensábamos que eran cristianos comprometidos, tanto doctrinal como espiritualmente. Entonces, ¿cómo podemos permanecer sanos y salvos, en el centro, con el Señor? Todo se reduce a esto: tú y yo debemos permanecer firmes en la verdad, que no es de origen humano, sino que proviene únicamente de Dios. La forma en que permanecemos en su verdad es la misma para cada creyente. No hay un camino para los espiritualmente maduros y otro para los niños en Cristo. Todos nosotros llegamos con las manos vacías ante el trono de Dios y necesitamos su ayuda.

Quiero compartir contigo algunas maneras en las que puedes asegurarte de permanecer en la verdad de Dios, con la esperanza de que estas pautas te ayuden a comprender cómo probar los espíritus de forma eficaz.

Mantente centrado juzgando correctamente

En la cultura actual es imperativo que nosotros, como cristianos, actuemos con un alto estándar. Con esto quiero decir que debemos estar en guardia y alerta porque todo lo que nos rodea tiene un significado espiritual detrás. No hay nada en nuestra vida que carezca de significado. Creo firmemente que Dios no desperdicia ni un momento, ni un evento, acción o situación, y tampoco lo hace Satanás. Solo eso es una buena razón para que tú y yo juzguemos correctamente, como Jesús ordenó en Juan 7:24: "No juzguen por las apariencias; juzguen con justicia".

La Biblia dice que debemos juzgar, pero nunca según estándares humanos. Debemos resistir cualquier forma de fariseísmo. Evitaremos ser duros, críticos, pendencieros y legalistas. No tenemos autoridad ni derecho a condenar a nadie, pero cuando somos guiados por el Espíritu Santo, sacamos conclusiones perspicaces. Es el Espíritu quien debe guiarnos y guiarnos en ese esfuerzo. Jesús prometió: "Y yo pediré al Padre y él les dará otro Consolador para que los acompañe siempre: el Espíritu de verdad, a quien el mundo no puede aceptar porque no lo ve ni lo conoce. Pero ustedes sí lo conocen, porque vive con ustedes y estará en ustedes" (Juan 14:16-17).

> Cuando asimilamos la palabra de Dios, clara y limpia tal como él la presenta, sirve como una luz reluciente y brillante que nos permite conducir nuestras vidas de acuerdo con su voluntad valientemente.

Entonces, creyente, mientras realizas tus actividades diarias, ¿te acostumbrarás a indagar los problemas que tienes ante ti y a escuchar con oído atento lo que otros dicen? ¿Le pedirás al Espíritu que te dé el discernimiento para entender lo que sucede a tu alrededor, de modo que puedas juzgar qué es beneficioso y qué debes evitar? ¿Compararás y contrastarás —o juzgarás— todas las cosas según la Palabra de Dios?

Mantente centrado buscando con diligencia

Los espíritus engañosos no aparecerán y dirán: "Hola. Estamos aquí para engañarte". Tú, como todos los creyentes, debes hacer una búsqueda decidida de las Escrituras para determinar si un maestro es verdadero o falso. Quiero que me incluyas a mí y a mi enseñanza también en esa búsqueda. Me encanta escuchar a alguien que dice: "Jack, fui a casa después de la iglesia y estudié lo que enseñaste". Eso es exactamente por lo que Pablo elogió a los creyentes en Hechos 17:11, y eso conmueve el corazón de este pastor.

En última instancia, la verdad de Dios es la única verdad que nos salvará, nos preservará y evitará que tropecemos. Cuando asimilamos la Palabra de Dios, clara y limpia tal como Él la presenta, sirve como una

> Cuanto más familiarizado estés con todo el consejo de Dios, más rápidamente se hará visible la verdad.

luz reluciente y brillante que nos permite conducir nuestras vidas de acuerdo con su voluntad valientemente. Su Palabra ayuda a disipar el deslumbramiento generado por el engaño.

Recuerdo cuando era un joven cristiano y compré mi primera Biblia. ¡Estaba tan emocionado de comenzar a leer la Palabra de Dios! Pero, impaciente, quería saber cómo terminaba todo. Entonces comencé con el último libro: Apocalipsis. Mientras estudiaba el Apocalipsis, rápidamente me di cuenta de que estaba recorriendo el Antiguo Testamento. Así es: los cuatrocientos cuatro versículos del Apocalipsis apuntan a unos doscientos ochenta versículos del Antiguo Testamento o se basan en ellos. Ese nivel de inmersión en las Escrituras resultó extremadamente importante en los primeros días de mi vida cristiana, como lo es ahora. ¡Por favor, nunca consideres ninguna parte de la Palabra de Dios como sin importancia!

En Salmos 138:2, leemos que Dios magnifica su Palabra por encima de su nombre. ¡Me encanta esta verdad! Eleva las cosas de Dios y me recuerda que su Palabra debe ser lo primero en mi vida. Utilizo la Biblia para juzgarlo todo, incluidos mis pensamientos, mi imaginación, mis conversaciones y mi conducta, tanto en privado como en público. Cuando la Palabra de Dios gobierna y reina, mis emociones y sentimientos quedan en un segundo plano. Toma todo lo que soy y lo convierte en una prioridad menor (Mateo 6:33; Juan 3:30).

De la misma manera, escudriñar las Escrituras es vital para tu éxito espiritual. Consigue una buena concordancia y un diccionario bíblico y aprende a usarlos. Junto con tu Biblia, te ayudarán a establecer línea tras línea una sana doctrina. Cuanto más familiarizado estés con todo el consejo de Dios, más rápidamente se hará visible la verdad. Las Escrituras nos muestran el corazón y la mente —la voluntad misma— de Dios. Es la guía sobre qué buscar, cómo buscar y qué hacer cuando lo ves. Cuando estás armado de esta manera, es menos probable que tropieces.

Mantente centrado mediante el ayuno y la oración

Hay momentos en nuestra experiencia cristiana en los que simplemente parece que no obtenemos respuestas a nuestras preguntas. No podemos ver con claridad y todo se siente extraño, incluso aplastante para nuestra alma. Leemos la Biblia, pero parece silenciosa; clamamos a Dios y es como si Él no estuviera escuchando. ¿Qué está sucediendo? En situaciones como esta, necesitamos pedir refuerzos especiales: debemos ayunar y orar. En cierto sentido, esto significa entrar en una modalidad especial para que podamos resistir las fuerzas de la oscuridad.

El ayuno nos priva de rutinas hacia las que nos inclinamos porque son atractivas y reconfortantes. No me refiero a quedarme sin almorzar; eso fácilmente podría llamarse una dieta. Ayunar no consiste necesariamente en privarnos de alimentos, aunque no comer puede ser parte de ello. Pero podría implicar cómo pasamos nuestros descansos en el trabajo o el tiempo libre en casa.

El ayuno del que hablo es un tiempo de devoción y dedicación que busca la dirección de Dios. El resultado es que el Espíritu Santo se apodera sobrenaturalmente de tu vida mientras oras y lees las Escrituras, dándote una profunda claridad sobre qué hacer. Te vuelves doblemente enfocado —con la precisión de un láser— mientras oras. Es bastante notable. Al privar al cuerpo físico, tu espíritu se vuelve más atento al Espíritu Santo, quien te prepara para recibir respuestas a tus preguntas. Y mientras oras, Él te muestra qué hacer a continuación.

La intención de la oración no es tratar de cambiar la mente de Dios. De ninguna manera. Más bien, la oración nos alinea con el plan y el propósito de Dios. Para comprenderlo mejor, lee el relato de la oración de Jesús en el huerto de Getsemaní y cómo alineó su voluntad con la del Padre. A partir de ese momento, observa el poder y la claridad con la que avanzó. Nota la devoción inquebrantable que Jesús mostró cuando fue a su crucifixión. Las Escrituras nos dicen que la gran victoria de nuestra salvación fue adquirida en la cruz, pero fue establecida en el huerto de Getsemaní. Allí, la voluntad de Jesús se rindió al glorioso plan redentor de Dios.

Mantente centrado orando siempre

Me gusta vivir con la mentalidad de que el Señor y yo tenemos una conversación perpetua e interminable solo entre nosotros dos. Para mí, a eso se refiere la Biblia cuando dice que oremos siempre. No puedo describir la emoción que surge al tener a Dios constantemente en mis pensamientos y saber que puedo acercarme a Él en cualquier momento y expresarle mis preocupaciones y observaciones. A veces me pregunto si Dios podría estar pensando: *Jack, ¿puedes quedarte callado? ¿Solo por un momento?* Así de continua es nuestra conversación.

Odio admitirlo, pero esa no siempre fue mi perspectiva. Hubo un tiempo en el que pensaba que el único momento en que Dios podía escucharme era cuando estaba en un estado de oración muy, muy dedicado. Durante los primeros tres años de mi vida cristiana, oré diariamente de 4 a 7 de la mañana, creyendo que Dios quería eso de mí. Y cada vez que no podía mantener ese compromiso, por una razón u otra, me sentía muy desanimado, decepcionado e incluso disgustado conmigo mismo.

Bueno, mi querido amigo, quiero que sepas que Dios, en su bondad, acabó con mi dependencia de la acción y el esfuerzo propios. El Señor me mostró: "Jack, yo estaré contigo siempre, hasta el fin de los tiempos". Él me enseñó, como lo hizo con Josué: "Yo estoy contigo dondequiera que vayas; sé fuerte y valiente" (ver Josué 1:9). Ahora tengo total libertad para orar cuando y donde sea, lo que no quiere decir que no designe momentos en los que estoy a solas con el Señor. Me encuentro con Dios regularmente temprano en la mañana, cuando todo está en silencio, quieto y oscuro. Son momentos dulces que amo, disfruto, protejo y defiendo.

Espero que hagas un esfuerzo por apartar un tiempo y un lugar para hablar con Dios con regularidad. Pero aún más que eso, te insto a desarrollar una actitud de oración. Una vez que la oración se convierta en tu forma de pensar constante, te garantizo que encontrarás victoria, gozo y discernimiento.

En estos días de engaño, deja que Dios sea siempre Señor en tu vida (ver Proverbios 3:5-6), y Él te hablará. Él te permitirá discernir lo que es verdadero o falso, lo correcto o lo incorrecto, y a qué debes acercarte o resistirte.

> A aquel que es poderoso para guardarlos sin caída y presentarlos sin mancha delante de su gloria con gran alegría, al único Dios, nuestro Salvador por medio de Jesucristo nuestro Señor, sea la gloria y la majestad, el dominio y la autoridad, desde ahora y para siempre. Amén (Judas 24-25).

CAPÍTULO 4

DESLUMBRADOS POR DOCTRINAS DE DEMONIOS

Quizás creas que toda doctrina es buena y se limita a la iglesia, pero te insto a que lo pienses de nuevo. El tema de las doctrinas de los demonios es como uno de esos enormes paraguas de golf: puede cubrir un área amplia. La capacidad de Satanás para infundir mentiras en nuestro mundo ha convertido lo que Dios dice que es detestable en lo que la gente considera aceptable. Esta es la única manera de explicar las ideologías retorcidas que presenciamos hoy. Estas no son formas nuevas y mejoradas, solo una regurgitación de las enseñanzas de los demonios. Si entiendes ese concepto, tendrás poder. Podrás identificar si las ideas y creencias son de Dios o están bajo el paraguas de las doctrinas de los demonios.

¿DE QUIÉN ES LA DOCTRINA?

El apóstol Pablo advirtió a su joven discípulo, Timoteo, que los últimos días serían tiempos de gran engaño. Ahora sabemos que algunos engaños son obvios, mientras que otros son mucho más sutiles y, por tanto, más peligrosos. Pablo las llamó "doctrinas de demonios" (1 Timoteo 4:1, RVC). La palabra 'doctrina' viene de la palabra griega *didaskalia*. Significa información impartida por un maestro junto con su autoridad para instruir.

La necesidad de tener cuidado en lo que respecta a la doctrina tiene su origen en el hecho de que la información es una de tus posesiones más valiosas. Esto plantea la pregunta: ¿qué pasa con la fe, la paz, el amor o cualquier otro atributo importante que los cristianos puedan poseer? Ciertamente, estos están cerca de los primeros lugares de la lista. Pero esos atributos se vuelven nuestros solo después de que hayamos aceptado la autoridad de Dios como maestro y después de haber aplicado la información de su Palabra a nuestras vidas.

En mi época, los maestros de escuelas públicas a menudo daban la impresión de ser estrictos o algo disciplinarios cuando querían mantener a los estudiantes en el buen camino. Su compromiso no siempre era apreciado, pero ¿serían buenos maestros si no fuera por su dedicación para ver sobresalir a sus alumnos?

En determinadas circunstancias, podríamos ver a Dios como ese tipo de maestro, pero es importante recordar que Él está totalmente comprometido con nuestro bienestar. Su instrucción sobre el camino que debemos tomar es recto y, sí, angosto (Mateo 7:14). Sin embargo, su camino garantiza protección y promesa. Sus caminos ofrecen deleite y paz (ver Proverbios 3:17). Pero cuando sentimos que eso no es cierto, podemos cometer el error de tomar el camino de otro maestro, el mismo Satanás.

Cuando aceptamos la autoridad del maestro equivocado, nos dirigimos por un camino lleno de engaños y mentiras. No es de extrañar que acabemos aturdidos, confundidos e incapaces de determinar qué camino tomar. Las doctrinas del diablo nos atraen hacia los proverbiales campos de malas hierbas, haciéndonos preguntar: *¿Dónde estoy?*

También quiero señalar que no toda enseñanza es verbal. Muchas de las lecciones de la vida se asimilan, no se enseñan. Piénsalo. Cuando ves a una persona dedicada a una actividad o viviendo de una manera que te atrae, ¿no te sientes más inclinado a seguir su ejemplo? Pero antes de hacerlo, deberías preguntarte: ¿Qué me enseña su ejemplo y dónde terminará en última instancia?

Desde el jardín del Edén hasta ahora, el objetivo de Satanás sigue siendo el mismo: desconectar y redirigir a la humanidad lejos de su Creador. Satanás lo ha logrado con cierto éxito, pero recientemente ha aprovechado algunos factores a su favor.

DOCTRINA EN TIEMPOS DIFÍCILES

Pablo, en su segunda carta a Timoteo, dijo: "También debes saber que en los últimos días vendrán tiempos peligrosos" (2 Timoteo 3:1, RVC). Esa es una declaración poderosa. La frase "debes saber" es una orden, no una sugerencia. Pablo estaba diciendo: "Timoteo, Dios te ordena a ti y a todos los que vienen después de ti que sepan que tiempos peligrosos caracterizarán los últimos días". Si lees el versículo en el idioma griego original, verás que los tiempos peligrosos son aquellos que lentamente te desgastan. Los tiempos peligrosos no se limitarán a los cristianos solamente, sino que serán un fenómeno global.

La palabra 'peligroso' resalta la idea de estrés o de estar presionado en todos los frentes y desde todos los ángulos. Significa empujar con fuerza contra otro objeto. Los tiempos peligrosos te desgastarán como el cepillo de un carpintero raspando un trozo de madera con un movimiento tras otro. En mi mente veo a un carpintero en su taller y sobre su mesa de trabajo hay un pequeño trozo de madera que tiene toda su atención. A efecto de mi argumentación, llamaremos a la madera tu vida y la mía. El carpintero agarra el cepillo con ambas manos y, con cada movimiento lento, corta un nuevo rizo de madera. Cada rizo está etiquetado. Algunos son hijos, hijas y padres; otros son las finanzas, la salud —tanto física como mental— y las circunstancias. Cada golpe representa un aspecto de desgaste en tu vida.

Las experiencias personales de Pablo le hicieron muy consciente del peligro del estrés continuo. Sabía lo fácil que es levantar las manos y decir: "Es demasiado. Simplemente ya no me importa". Pablo también entendió cómo el estrés puede hacer que las personas sean más susceptibles a las doctrinas de los demonios, y por eso dijo: "¡Sepan esto!". Necesitamos tomar esta advertencia y utilizarla a nuestro favor. Saber que las dificultades de la vida son las herramientas de nuestro enemigo protegerá nuestros corazones contra las mentiras que inevitablemente las acompañan.

El mundo está cambiando

Cada persona tiene una cosmovisión, creencias que forman la base de cómo ven la vida y su comprensión de lo correcto e incorrecto, del bien y del mal, de lo aceptable y lo inaceptable; en una palabra, la moral. Pero cuando nosotros, humanos falibles, tomamos nuestras opiniones personales y formulamos nuestras propias verdades, nos alejamos de los absolutos sólidos de Dios, quien es infalible.

Aquí, en el sur de California, a lo largo de la escarpada península de Palos Verdes hay una sección de costa llamada Portuguese Bend. Es hermosa y, al igual que otras áreas de la costa californiana, se ve muy diferente a como era hace cien años. La capa superior de los promontorios se está desplomando hacia el océano Pacífico. Se está desmoronando. El terreno sobre el que se asienta la carretera es tan impredecible que el Departamento de Transporte colocó una señal de advertencia para los conductores: "Extrema precaución: movimiento constante de tierra durante las próximas 0,8 millas".

Los geólogos nos dicen que Portuguese Bend es un área que ha estado activa desde la antigüedad, pero su preocupación inmediata es el cambio actual en el terreno. Casas multimillonarias, restaurantes, tiendas y el Trump National Golf Club se dirigen hacia el oeste, hacia el océano Pacífico. El suelo está en movimiento, pero párate en cualquiera de esos lugares y no sentirás nada. De hecho, las distracciones de las olas, el sol y el ocasional chorro que lanzan los delfines o ballenas te adormecerán con una falsa sensación de comodidad y seguridad.

Lo que sucede en Portuguese Bend refleja lo que está ocurriendo en nuestro mundo hoy. Se ha producido un cambio imperceptible bajo los cimientos y pilares sobre los que alguna vez nos sustentamos. Ahora es evidente que el suelo bajo nuestros pies está cediendo.

La iglesia está cambiando

En los últimos años, las encuestas de investigación de George Barna han demostrado que una gran mayoría de los estadounidenses afirman creer en Dios. Sin embargo, cuando se les preguntó sobre sus creencias doctrinales, las conclusiones fueron, cuando menos, desalentadoras.

Los gigantes institucionales de la religión se han liberado del ancla de las grandes doctrinas de la Biblia. Pocos lo han notado y aun menos se han molestado en preocuparse. Un número récord de quienes asisten a estas iglesias tradicionales no tienen una comprensión real de las doctrinas bíblicas sobre la naturaleza de Dios, Jesucristo o el Espíritu Santo. Incluso las doctrinas de un cielo y un infierno literales se consideran cuestionables. En las culturas occidentales, el cristianismo ha sido víctima de quienes se supone que son sus custodios. En lugar de púlpitos llenos de predicadores, pastores y profetas, ahora tenemos comerciantes y vendedores de religión que promueven cualquier cosa, y todo en nombre de Cristo.

Los ataques a la sana doctrina dejan atrás a iglesias que están más apasionadas por los movimientos de Black Lives Matter y el feminismo que por el fundamento de la Palabra de Dios. Les importa más la justicia social que el juicio de Dios y el evangelio que salva a la humanidad de este. Algunas iglesias se están alejando de la tierra firme a un ritmo tan alarmante que deberían colocarse señales de advertencia en sus puertas. Las iglesias débiles e ineficaces tienen poco valor en el mundo en el que Dios las ha puesto. No tienen capacidad para luchar contra las doctrinas destructivas que amenazan a aquellos a quienes dicen cuidar.

Sin embargo, hay buenas noticias: se está produciendo un cambio pequeño pero dinámico. El compromiso en varios púlpitos está obligando a muchos a apartarse de estas denominaciones populares para encontrar su fuente de fortaleza espiritual y discipulado en iglesias y grupos pequeños que son fieles a la Palabra de Dios. Los cristianos están despertando al hecho de que, no importa cuán glorioso pueda parecer un ministerio o iglesia por fuera, puede haber un aspecto siniestro, invisible a simple vista, en su interior. En un mundo deslumbrado por el engaño, se necesita vigilancia. Necesitamos prestar atención a las señales que expondrán las agendas ocultas del enemigo. Las evidencias de sus complots y planes están presentes, si nos tomamos el tiempo para mirarlas detenidamente.

DOCTRINAS ADECUADAS PARA UN MUNDO MODERNO
Subversión

Satanás es astuto. Sabe que no le conviene actuar de manera evidente y grandilocuente. No hay duda de que puede, y a veces actúa de esta manera, pero cuando se trata de cómo difundir sus doctrinas, normalmente lo hace de forma gradual y lenta. Su metodología es la subversión. Si pudiera resumir lo que está sucediendo en Estados Unidos y en el extranjero, creo que 'subversión' es una palabra excelente para definirlo.

De acuerdo con la página web *Oxford Languages*,[1] subversión es socavar el poder y la autoridad de un sistema o institución establecida. Vemos este tipo de actividad sucediendo en todo el mundo. Un buen gobierno permite a los ciudadanos vivir y prosperar de una manera que fortalece a una nación y la hace grande, esto es, hasta que las prácticas

subversivas echan raíces. Los tipos de actividades subversivas que socavan los cimientos de un país se están extendiendo a todos los ámbitos
de la sociedad. Esto ha llevado a un número cada vez mayor de personas a preguntarse: "¿Cómo hemos llegado hasta aquí?". Bueno, no
fue de la noche a la mañana. No fue con solo tocar un botón.

Progresismo en la educación

Satanás ha operado encubiertamente durante décadas en la educación
bajo la apariencia de progresismo, o lo que algunos quisieran que creamos que es una nueva realidad. Las doctrinas subversivas del progresismo han estado arraigadas en los campus universitarios durante tanto
tiempo que difícilmente las reconocemos por lo que son: una reforma
de la sociedad que deja a Dios fuera de la escena. Lamentablemente,
estas doctrinas ahora se han filtrado a los niveles inferiores de los sistemas escolares públicos. En Estados Unidos, las respuestas matemáticas correctas se consideran racistas y el uso extraño de pronombres ha
destrozado el idioma inglés. Además de eso, las últimas generaciones
de estudiantes son lamentablemente ignorantes sobre el gobierno y la
historia estadounidenses.

Algunos pueden sorprenderse por el hecho de que un aspecto
importante de la grandeza de Estados Unidos se originó durante el
período revolucionario. Los colonos estaban inmersos en la educación, comenzando desde las edades más jóvenes. La alfabetización
tenía un nivel y un ritmo más altos que los de la propia Madre Ingla-
terra.[2] ¿Cuál era el libro de texto que usaban muchos colonos para
leer? La Biblia. Los puritanos valoraban la capacidad de leer e interpretar las Escrituras. De hecho, Massachusetts aprobó la Ley del Viejo Tentador Satanás en 1647, que sentó las bases para la creación de
escuelas públicas.

Por supuesto, algunos sostienen que nuestra cultura "ilustrada" se ha
vuelto tan avanzada que ya estamos bien así. No necesitamos la Biblia

ni los Diez Mandamientos publicados en nuestras aulas. Creo que si a algo hemos llegado es a un nivel superior de ignorancia. Sin guía moral y verdad espiritual, nuestros hijos están destinados a hacer lo mismo que el Israel de la antigüedad, cuando "cada uno hacía lo que le parecía mejor" (Jueces 17:6).

Por diseño de Dios, los padres deben ser la principal fuente de influencia en la vida de un niño; sin embargo, hoy en día muchos maestros y administradores están eludiendo la autoridad de los padres. Cuando estos se enteran de lo que sucede en las escuelas, se les dice que cedan el control de la vida de sus hijos porque, después de todo, los educadores saben más. Cada vez que un grupo o individuo quiere liberar a los padres de la responsabilidad que Dios les ha dado, sabes que detrás de ello hay una doctrina demoníaca.

Ya sea en el gobierno o en las universidades, se puede ver la influencia de las doctrinas progresistas. Desde avivar desigualdades imaginarias hasta magnificar problemas reales, la sociedad ahora está llena de cuestiones volátiles. La discordia y la desinformación nos están robando el respeto y la tolerancia. Pero ¿por qué debería Satanás detenerse ahí? No lo hará. Y no lo ha hecho.

Redes sociales

Al principio, las redes sociales parecían principalmente beneficiosas y perfectamente inofensivas. La gente las aceptó por todo el bien que prometían. Lo que no esperaban, y ciertamente no vieron venir, fue el lado oscuro: la adicción emocional.

Las redes sociales han hecho más para generar una dependencia paralizante de la aprobación de los demás que cualquier otra cosa en la historia de la humanidad hasta la fecha. Consumen nuestra vida mental en un pensamiento perpetuo e ininterrumpido sobre uno mismo, lo que ahora se considera normal. Esto se puede ver en cómo han envuelto a nuestros hijos. Los niños —especialmente los adolescentes— están condicionados a preocuparse y responder a la opinión que tienen absolutos extraños de sus publicaciones en las redes sociales. Esto se ha convertido en una herramienta eficaz para Satanás porque hace que la persona sea muy vulnerable a las opiniones y críticas de los demás. A su vez, puede provocar daños importantes en el desarrollo psicológico y espiritual de los niños. Pero ellos no fueron los primeros en ser alcanzados. Los adultos lideraron el camino.

Los adultos no son inmunes al miedo debilitante hacia los demás que genera el pensamiento egocéntrico y ensimismado de las redes sociales. En su forma más leve, resulta en un estilo de vida narcisista y autoritario, pero fácilmente puede ir más allá. Cuando las personas se elevan a sí mismas como el centro de su universo, eventualmente encuentran necesario controlar a los demás para mantener su lugar como número uno. Este tipo de entorno engendra no solo hostigadores sino también déspotas y dictadores. Ahora bien, comparemos esto con las tácticas de miedo del socialismo, el comunismo u otras formas de totalitarismo. Los tiranos prosperan gracias a la intimidación. Si pueden mantener un estado de temor elevado, pueden mantener a la gente en cautiverio. Ese es también el propósito de las doctrinas de los demonios.

Espiritualidad

Después de más de treinta años de ministerio público, he llegado a la conclusión de que existen principalmente dos puntos de vista seculares sobre la vida. Uno es que no tiene sentido y carece de propósito. El otro es que, según todos los indicios, la vida es un accidente. Ambas afirmaciones son visiones desesperadas del mundo de los evolucionistas ateos. Lo que ellos no reconocen es que su incredulidad limita severamente su visión, hasta el punto de la ceguera. No pueden ver el profundo significado espiritual y el diseño de la vida, lo que les impide ver a Dios. Por tanto, la incredulidad del ateísmo es una doctrina de demonios.

La incredulidad es el intento de Satanás por hacer que la gente crea en cualquier otra cosa antes que en el Dios de la Biblia. Cuando lees las Escrituras, especialmente el Antiguo Testamento, es evidente que la humanidad tiene una inclinación a adorar algo. Sé franco: cuando has interrogado a alguien sobre sus creencias espirituales, ¿has conocido alguna vez a una persona que realmente no crea en nada? Puedo decir con confianza que aquellos que afirman no creer en nada se suscriben a una teología alternativa. Esa teología puede ser la deificación del yo o la creencia de que la ciencia tiene todas las respuestas. Sea lo que sea, se ha convertido en el dios de su sistema de creencias. Puede que sea necesario investigar un poco para descubrir quién o qué es el dios de una persona, pero debemos dejar de lado la idea de que las personas que no creen en Dios simplemente no creen en nada.

Sexualidad

Vivimos en una época en la que la gente desea ser espiritual y al mismo tiempo evita las enseñanzas claras de las Escrituras. Esto quizás sea más evidente en la explosión de sexualidad aberrante, y que la Biblia advirtió que ocurriría en los tiempos finales. Podríamos señalar muchas perversiones, pero elegiré solo una: la idea de que puedes elegir si eres hombre o mujer en función de tus sentimientos o de sugerencias y presiones externas. Solo desde el punto de vista de la biología esto es inconcebible. Pero la creciente aceptación de este pensamiento sexual desviado hace que el capítulo 1 de Génesis ya no sea viable en la mente de muchos. Al establecer el varón y la mujer, Dios nos dio la capacidad de procrear según nuestro sexo biológico. Este hecho milagroso, observable, repetible, científico y teológico sigue siendo cierto hasta el día de hoy y siempre lo será.

La sexualidad es dada por Dios no solo para celebrar sino para honrar. Por otro lado, Satanás ha pervertido la sexualidad y la ha redefinido en su complot para destruir lo que Dios llamó bueno. ¿Por qué sería esto tan importante para él? Porque socava la estructura misma que Dios ha dado para el diseño del hombre, y eso incluye al Sr. y la Sra. Humanidad.

Trágicamente, esto está sucediendo a un ritmo sin precedentes a escala mundial. Es otra doctrina más de los demonios.

Ciencia

La idea de que puedan existir alternativas a los humanos biológicos, en forma de extraterrestres, ha mantenido hechizada a la humanidad durante milenios. Nuestra preocupación actual por los visitantes de otros mundos y los fenómenos inexplicables encaja perfectamente con las advertencias bíblicas. Desde el libro de Erich von Daniken, *Carrozas de los dioses*, hasta el último avistamiento de un posible ovni informado por la Fuerza Aérea de los Estados Unidos, existe la creencia subyacente de que no estamos solos.

Jesús dijo que antes de su regreso, habría señales en los cielos junto con un gran engaño entre las naciones y los pueblos del mundo (Mateo 24:24, 29-30). Cuando las personas señalan haber presenciado algo extraño en el cielo o afirman haber visto una manifestación de una forma de vida alternativa, no me apresuro a descartar su afirmación. Creo que, para muchos de ellos, lo que cuentan es un evento que experimentaron. Esto inmediatamente me recuerda la necesidad de probar los espíritus porque no todos son de Dios.

No niego la emoción que produce ver una película de ciencia ficción en 3D o leer un libro fascinante como *Fahrenheit 451* de Ray Bradbury. Lo que encuentro interesante es que, en general, quienes dan crédito a estos cuentos y relatos se niegan a considerar algún pensamiento sobre Dios, quien habita fuera del tiempo y el espacio. Están buscando una manera de no tener que enfrentarse al Dios eterno, el Alfa y la Omega, el Principio y el Fin (Apocalipsis 22:13).

¿Has notado el patrón? En cada área de la vida, Satanás abre su caja de Pandora de creencias y comportamientos desviados que socavan todo lo que Dios ha dicho que es bueno, correcto y normal.

LA DOCTRINA ES UNA CUESTIÓN DE VIDA O MUERTE

¿Por qué es importante desenmascarar las doctrinas engañosas de los demonios? La respuesta corta es: porque es una cuestión de vida o muerte.

Una vez se me acercó una niña de unos doce años después de un mensaje dominical. Me dijo: "Usted dijo algo acerca de la Sociedad Watch Tower. He estado leyendo su revista y tiene mucho sentido para mí". Se quedó allí con tanta confianza, pero mi corazón se rompió por ella. La estaban engañando y, para ayudarla a reconocerlo, le dije: "Imagínate que estás aquí con una brújula en la mano que planeas usar para ir a Nueva York. Pero hay un problema: está desviada por un grado. Suena trivial, ¿verdad? Pero esa brújula nunca te llevará a Nueva York. ¡Terminarás en Pensilvania!". Ella podría haber pensado: *Bueno, al menos estaré cerca*. Sin embargo, cuando se trata de la verdad, estar cerca no es suficiente.

El trágico final del vuelo 901 de New Zealand Air demuestra lo que sucede cuando las personas dependen de información errónea para llegar al destino deseado.

En 1979, un avión de pasajeros con doscientas cincuenta y siete personas a bordo salió de Nueva Zelanda para realizar un vuelo turístico de ida y vuelta a la Antártida. Sin que los pilotos lo supieran, hubo un pequeño error de dos grados en las coordenadas de vuelo. Esto colocó al avión a veintiocho millas al este de donde los pilotos pensaban que estaban. A medida que se acercaban a la Antártida, descendieron a una altitud menor para que los pasajeros pudieran ver mejor el paisaje. Aunque ambos eran pilotos experimentados, ninguno había realizado antes este vuelo en particular. No tenían forma de saber que las coordenadas incorrectas los habían colocado directamente en el camino del monte Erebus, un volcán activo que se eleva desde el paisaje helado a una altura de más de doce mil pies (tres mil setecientos metros). Lamentablemente, el avión se estrelló contra la ladera del volcán, matando a todos los que iban a bordo. Fue una tragedia provocada por un error menor: una cuestión de solo unos pocos grados.[3]

Satanás es inteligente. Quiere que la gente se desvíe lo suficiente en su forma de pensar como para despistarla del rumbo, y si este no se corrige, el resultado será catastrófico.

Por qué a Dios le importa

Las doctrinas que pervierten la verdad sobre la naturaleza, el carácter y las intenciones de Dios nunca ocurren de manera aislada: naturalmente dan origen a la adoración falsa. Tanto la falsa doctrina como la falsa adoración provienen directamente del manual de las doctrinas de los demonios.

Si queremos entender cómo Dios ve a quienes practican y promueven doctrinas demoníacas, podemos mirar el Antiguo Testamento. Quizás uno de los eventos más famosos registrados en los que Dios trató con falsos profetas que adoraban a dioses paganos ocurrió entre un profeta de Dios, Elías, y cuatrocientos cincuenta profetas de Baal en la cima del Monte Carmelo en Israel. Allí, el profeta de Dios estaba solo, aparentemente indefenso frente a la reunión masiva de falsos profetas. Elías planteó el desafío final: "Entonces invocarán ellos el nombre de su dios y yo invocaré el nombre del Señor. El que responda con fuego, ese es el Dios verdadero" (1 Reyes 18:24).

Los profetas de Baal construyeron su altar y pusieron un sacrificio encima. Durante todo el día bailaron e invocaron a sus dioses. Pero hubo un silencio ensordecedor desde arriba. Entonces comenzaron a cortarse, como era su costumbre, hasta que les brotó la sangre. Aun así, no pasó nada.

Luego Elías construyó un altar diferente: reconstruyó un altar del Señor en ruinas. Puso encima un sacrificio y lo roció todo tres veces con agua hasta que rebosó de las zanjas del altar. Satisfecho, el gran profeta invocó al único Dios verdadero, cuya respuesta fue una manifestación abrumadora del poder divino. Su presencia descendió con fuego y "quemó el holocausto, la leña, las piedras y el suelo, y hasta lamió el agua de la zanja" (1 Reyes 18:38). Este es el Dios vivo, el que siempre ha sido y siempre será: ¡Él es el Señor! "Luego Elías ordenó: '¡Agarren a los profetas de Baal! ¡Que no escape ninguno!' Tan pronto como los agarraron, Elías hizo que los bajaran al arroyo Quisón y allí los ejecutó" (versículo 40).

Los capítulos 13 al 19 de Deuteronomio describen los estrictos estándares de Dios para los profetas. Dios dejó en claro que, si un profeta daba un mensaje falso, su castigo sería la muerte. Algunos podrían estremecerse y decir que eso fue demasiado extremo, pero yo diría que lo ven de esa manera porque no comprenden completamente lo que está en riesgo.

¿Por qué Dios fue tan severo cuando juzgó a quienes promovían doctrinas demoníacas? ¿Por qué no simplemente dejarlos perecer en su estado de engaño? Una opinión indiferente ante la falsa doctrina verá la muerte como un remedio radical o fuera de control, incluso para Dios. Pero, repito, la única razón por la que la gente llega a esa conclusión es porque no ven lo que está en juego como lo ve Dios. La falsa doctrina desvía a las personas y, cuando se la adopta plenamente, las condena al infierno.

> Cuando percibimos que el juicio de Dios es demasiado severo, descartamos lo que el pecado le hace a la humanidad y lo que le hizo al Hijo de Dios.

Nunca fue la intención de Dios que los humanos ocuparan los pasillos del infierno. Creó el infierno para Lucifer, sus ángeles caídos y los espíritus demoníacos que trabajan para ellos. Trágicamente, todos los humanos se encuentran en un campo de batalla donde se está librando una tremenda guerra. Esa guerra implica el odio de Satanás contra toda la humanidad versus el amor de Dios por ella. Esta es la razón fundamental por la que existen doctrinas de demonios. El propósito de Satanás al difundir falsedades no es simplemente ser malvado. Tampoco se trata de engañar o desviar momentáneamente. Los ojos de Satanás están puestos en un trofeo mayor: las almas de los no salvos.

Cuando percibimos que el juicio de Dios es demasiado severo, descartamos lo que el pecado le hace a la humanidad y lo que le hizo al Hijo de Dios.

Es posible que la información que has leído hasta ahora no sea nueva para ti, pero tal vez no la hayas relacionado con las doctrinas demoníacas en acción. Ese es precisamente el punto. Satanás difunde sus doctrinas de maneras que no llaman la atención sobre su origen. Independientemente del nivel de tu conciencia, sé que has sentido la fuerza de las doctrinas demoníacas en oposición a tu deseo de vivir según la Palabra de Dios. Yo también la he sentido y sé que estas doctrinas pueden resultar opresivas, pero quiero animarte a utilizar esta fuerza a tu favor.

VE CONTRA EL VIENTO

Me encantan los aviones y, de hecho, cualquier cosa que vuele. Desde mis primeros años me ha fascinado el vuelo y la sensación que te brinda volar. Cuando era joven, hacía todo lo posible por ir a un aeropuerto cerca de donde vivía en el condado de Orange, California. Era un pequeño y agradable aeródromo llamado Aeropuerto Meadowlark, situado aproximadamente a una milla de la costa del Pacífico. Para mí era un lugar perfecto. Me encantaba ir en bicicleta hasta Meadowlark y estacionarme en la hierba alta, listo para pasar el día observando el milagro del vuelo.

Sentado junto a la pista, veía constantemente a los pilotos hacer algo que me parecía extraño. Cuando despegaban, se aseguraban de que su Cessna 150 o Commander bimotor encarara su rumbo contra el viento. Por la tarde, eso casi siempre significaba que se dirigían hacia el Pacífico con fuertes brisas que venían desde la costa. El hecho de que los pilotos aceleraran y despegaran con el viento en contra me parecía absolutamente al revés. Pensé: *¿No sería más fácil ir con viento a favor y dejar que te impulse para poder despegar más rápido?* Pero no solo no tenía razón, sino que estaba completamente equivocado. Para que un avión vuele, debe ir en contra del viento; debe agarrar el aire a su alrededor para generar resistencia contra sus alas; debe haber presión positiva y negativa para ayudar a generar elevación. Cuanto mayor sea la oposición, mayor será la elevación. Esta fue una de mis primeras lecciones sobre cómo se puede utilizar la oposición para bien.

> El amor de Dios es lo suficientemente fuerte como para guiarte a través de las pruebas y tentaciones más duras.

Al igual que los vientos terrestres, la oposición de Satanás al reino de Dios cambiará de dirección, pero a diferencia de los vientos, nunca se detendrá. Afortunadamente, Dios nos ha dado el medio para adentrarnos en el viento y elevarnos por encima de los planes de Satanás: el amor perfecto. Primera de Juan 4:18 nos dice que "el amor perfecto echa fuera el temor". ¡Más grande que cualquier fuerza que venga contra nosotros es el perfecto amor de Dios por nosotros!

En el capítulo 3, analizamos la importancia de probar los espíritus, según 1 Juan 4:1. ¿Notaste cómo comenzó Juan el versículo 1? Se dirigió a ti y a mí como *amado*. Debes rodear con un círculo, subrayar, dibujar flechas hacia esta palabra o hacer lo que sea necesario para que se destaque en tu Biblia. "Amado" está en tu Biblia porque, como hijo de Dios, eres muy amado, destinado para su afecto y favor especial.

Amado es un término de cariño tan lleno de sentido que los humanos apenas podemos comprender su plenitud. No hay nada parecido. La increíble profundidad del amor de Dios por nosotros está más allá de nuestro completo entendimiento, pero Pablo nos dio una idea de su magnitud cuando dijo:

> Pues estoy convencido de que ni la muerte ni la vida, ni los ángeles ni los demonios, ni lo presente ni lo por venir, ni los poderes, ni lo alto ni lo profundo, ni cosa alguna en toda la creación podrá apartarnos del amor que Dios nos ha manifestado en Cristo Jesús nuestro Señor (Romanos 8:38-39).

Esos versículos son poderosos tanto en significado como en aplicación. Amigo mío, el amor de Dios es lo suficientemente fuerte como para guiarte a través de las pruebas y tentaciones más duras. Te ayudará a mantenerte firme cuando la oposición y la persecución aparezcan en tu camino.

Judas 21 les dice a los creyentes: "Manténganse en el amor de Dios". Algunos podrían leer este versículo y pensar erróneamente que necesitan hacer algo para mantenerse salvos. Pero el mandato de Judas no tiene nada que ver con la salvación. ¿Qué estaba diciendo Judas? Estamos eternamente seguros en el amor de Cristo y somos guardados por su poder. Pero como cualquier relación amorosa, debemos mantenerla y nutrirla.

Los que se apartan de Cristo se apartan del amor de Dios. Aquellos que rechazan los mandamientos de Jesús rechazan su amor. Jesús hizo esta conexión en Juan 15:9-11: "Así como el Padre me ha amado a mí, también yo los he amado a ustedes. Permanezcan en mi amor. Si obedecen mis mandamientos, permanecerán en mi amor, así como yo he obedecido los mandamientos de mi Padre y permanezco en su amor". Guardar sus mandamientos y permanecer, ambas acciones fluyen de una relación con Jesucristo. Quédate a solas con Dios, solo tú y Él. Lee su carta de amor para ti: la Biblia. Es allí donde Él te mostrará su carácter y sus caminos. Sus promesas se convertirán en el lenguaje del amor que fortalecerá tu alma. Entonces, cuando el diablo te ofrezca alternativas, tendrás la fuerza y el conocimiento para resistir. Como dice Charles Spurgeon: "Ama a Dios y no amarás la falsa doctrina. Mantén recto el corazón de la iglesia, y tu cabeza no irá muy mal; que permanezca en el amor de Jesús, y ella permanecerá en la verdad".[4]

El poder y la verdad del amor de Dios vencen toda mentira de Satanás y toda doctrina de los demonios. ¡Mantente dentro de ellos, abróchate el cinturón y prepárate para el viaje de tu vida!

CAPÍTULO 5

DESLUMBRADOS POR ENGAÑOS DENTRO DE LA IGLESIA

En mi opinión, no había mejor lugar que el sur de California para crecer durante las décadas de 1960 y 1970. Era el lugar indicado. Teníamos entretenimiento al aire libre como esquiar en la nieve en invierno y veranos llenos de sol, arena y surf. Como si eso no fuera suficiente, podíamos acampar o caminar en el desierto de Mojave. La pura belleza de los diferentes paisajes tan cercanos entre sí era especial. La configuración geográfica de California es diferente a la de cualquier otro estado de Estados Unidos y posiblemente a la del mundo entero. Sin embargo, todos estos entretenimientos naturales parecieron ser insuficientes para mantener a la gente feliz.

Las emociones de la naturaleza de California finalmente dieron paso a la diversión de las sensaciones fabricadas y la simulación generada por computadora. Al sueño de Walt Disney de crear un lugar donde los niños pudieran jugar y divertirse se unieron Knott's Berry Farm, Marine Land, Sea World y Magic Mountain. En lugar del esplendor de la creación de

Dios, los inventos del hombre captaron nuestra atención. Hoy, mientras observamos lo que está sucediendo dentro de la iglesia, podemos ver fácilmente un fenómeno similar. A pesar de su profunda belleza y del acto soberano de expiación de Jesucristo en su favor, los creyentes se están alejando de la iglesia y buscando satisfacción en otra parte.

En la cruz, Cristo pagó el castigo por nuestro pecado, borrando nuestras ofensas incalculables contra la justicia de Dios. Y si eso no fuera suficiente, su resurrección de entre los muertos proporcionó justificación para todos los que creen en Él. Y a diferencia de lo que este mundo puede ofrecer, el mensaje del evangelio es suficiente… ¡y es poderoso! Tan poderoso que explotó desde Jerusalén, Judea y Samaria hasta los confines de la Tierra y a través de los siglos hasta llegar a tus oídos y a los míos. El apóstol Pablo dijo que el evangelio es "poder de Dios para salvación" (Romanos 1:16). No hay un mensaje más hermoso en todo el mundo.

> El Señor nunca se esfuerza por ser relevante para la cultura.

Las diversiones fabricadas en Magic Kingdom de Disney y otros lugares similares nunca pueden compararse con la gloria de la creación de Dios. De manera similar, hay quienes han intentado crear un cristianismo a su propio gusto, y han fracasado estrepitosamente. Pero eso no ha impedido que estos apóstatas lo intenten. Lamentablemente, para esas personas el evangelio no es suficiente.

ENTRETENIENDO A LA IGLESIA HASTA LA MUERTE

A menudo hay confusión entre los cristianos acerca de la diferencia entre una persona que se aparta y un apóstata. La Biblia dice claramente que es imposible perder la salvación, pero si no tienes cuidado, puedes permitir que tu amor por Cristo se enfríe y volver a las viejas costumbres. A esa persona, el Señor le dice: "Arrepiéntete y yo te perdonaré" (ver Oseas 14:4; Apocalipsis 2:5). Un apóstata es completamente diferente. Los apóstatas nunca experimentan la fe salvadora. Actúan como creyentes por fuera, pero por dentro permanecen en un estado de incredulidad (Lucas 8:13). Las Escrituras enseñan que algunos incluso harán milagros, pero al final dejarán de identificarse con Jesucristo porque nunca nacieron de nuevo (Mateo 7:22-23). Primera de Juan 2:19 dice: "En realidad no eran de los nuestros; si lo hubieran sido, se habrían quedado con nosotros". Y Mateo 7:20 nos informa: "Por sus frutos los conocerán".

La segunda carta a los Tesalonicenses 2:3 advierte sobre una apostasía o "abandono de la fe" antes del regreso de Cristo. Esto se refiere a pastores y maestros que mezclan ideologías seculares con las Escrituras. Judas 12 llama a estos apóstatas "nubes sin agua, llevadas por el viento. Son árboles que no dan fruto cuando debieran darlo; están doblemente muertos, arrancados de raíz". Ofrecen un buen espectáculo, pero no ofrecen refrigerio espiritual, dejando a sus iglesias morir de hambre y sed.

Debido a que los apóstatas operan dentro de las iglesias, es prudente preguntar: ¿Qué define a una iglesia? La Biblia dice que debe ser una iglesia del Nuevo Testamento. Y con eso quiero decir que debe adherirse a las Escrituras, tanto del Antiguo como del Nuevo Testamento, lo cual, enfatizo, está casi ausente en muchas de las iglesias de hoy. Estas iglesias dedican una enorme cantidad de tiempo y esfuerzo a adaptarse a los caprichos del día en lugar de al evangelio. No se dan cuenta de que la Palabra de Dios no necesita ayuda, poder ni intervención humana. El Señor nunca se esfuerza por ser relevante para la cultura.

El mensaje puro y no adulterado del evangelio ha sido apropiado y abusado por aquellos cuyo llamado humano es entretener. El evangelio está siendo difamado por aquellos que dicen ser sus amigos pero que, en realidad, no lo son. Quiero recordarles que la palabra 'evangelio' implica arrepentimiento, pero la cuestión del pecado y el llamado al arrepentimiento son precisamente las cosas que los apóstatas sienten que deben evitarse en sus mensajes, porque no son lo suficientemente entretenidos. En lugar del fruto del arrepentimiento, encontrarás una epidemia de carnalidad. Se han rendido a la carne, no al Espíritu. Sé que aquí estoy generalizando, pero hablo con verdad. Muchas de las iglesias de hoy se describen mejor como la iglesia de Laodicea. Lee lo que Jesús dijo al respecto en el libro de Apocalipsis:

Escribe al ángel de la iglesia de Laodicea:

> Esto dice el Amén, el testigo fiel y verdadero, el soberano de la creación de Dios:

> Conozco tus obras; sé que no eres ni frío ni caliente. ¡Ojalá fueras lo uno o lo otro! Por tanto, como no eres ni frío ni caliente, sino tibio, estoy por vomitarte de mi boca. Dices: 'Soy rico, me he enriquecido y no me hace falta nada'; pero no te das cuenta de cuán infeliz y miserable, pobre, ciego y desnudo eres tú. Por eso te aconsejo que de mí compres oro refinado por el fuego, para que te hagas rico; ropas blancas para que te vistas y cubras tu vergonzosa desnudez; además, colirio para que te lo pongas en los ojos y recobres la vista.

> Yo reprendo y disciplino a todos los que amo. Por lo tanto, sé fervoroso y arrepiéntete. Mira que estoy a la puerta y llamo. Si alguno oye mi voz y abre la puerta, entraré, cenaré con él y él conmigo.

> Al que salga vencedor le daré el derecho de sentarse conmigo en mi trono, como también yo vencí y me senté con mi Padre en su trono. El que tenga oídos, que oiga lo que el Espíritu dice a las iglesias (Apocalipsis 3:14-22).

Las palabras de Jesús a los laodicences deja en claro que habían perdido sus valores bíblicos, y cuando pierdes tus valores, pierdes tus convicciones. Cuando pierdes tus convicciones, eventualmente perderás tu propósito y comenzarás a confiar en tu esfuerzo y tu poder personal. Expresarás la misma actitud autosuficiente que los laodicenses: "Soy rico, me he hecho rico y no tengo necesidad de nada".

Los laodicences tenían una opinión elevada de sí mismos. Eran el tipo de personas que dirían: "Mira lo que hemos hecho. Logramos todo esto a través de nuestro enfoque superior del ministerio y los últimos y mejores métodos". Pero la verdad es que se habían desviado de lo que era simple y claro en las Escrituras hacia un estado socialmente más aceptable de facilismo creyente y lo que yo llamo "iglesianismo".

Escatológicamente, Laodicea es la iglesia de los últimos días. Y como sucedió allí, mucho de lo que hoy se llama cristianismo e iglesia tiene poco o nada que ver con la piedad. No tengo ninguna duda de que hoy vivimos en el período de Laodicea.

RECAMBIOS EN LA IGLESIA
Una interpretación diferente

El discernimiento es muy escaso, pero muy necesario entre los cristianos de hoy. Los colegios, universidades y seminarios cristianos que alguna vez fueron sólidos están promoviendo cursos populares que enseñan la Biblia a través de recursos literarios. Al envolver sus enseñanzas en un estilo atractivo y aparentemente intelectual, arrojan sombras despectivas sobre la autoridad de las Escrituras. En una de esas clases, un profesor se burló del hecho de que Dios condenó a la serpiente a arrastrarse sobre su vientre, lo cual, en su opinión, es una afirmación tonta porque eso es lo que hacen las serpientes. Sin embargo, la Biblia deja claro que las serpientes podían permanecer erguidas en el jardín del Edén —sin mencionar que podían hablar— y su juicio resultó en tener que arrastrarse. La inserción que hizo el instructor de su infundada opinión introdujo la idea de que los individuos tienen la libertad de sacar sus propias conclusiones de lo que él llama el cuento del Génesis. Y eso lleva a otro problema: Génesis no es un cuento. Génesis es el relato objetivo de Dios sobre la historia temprana, comenzando con la creación y siguiendo de ahí en adelante.

Cómo te acercas a la Biblia y con qué predisposición o predilección lo haces significa todo para tus creencias. Nuevas formas de interpretar las Escrituras han llevado a una dinámica nueva e ineficaz en la iglesia. Esta dinámica ha girado hacia un evangelio social, un evangelio distorsionado, un evangelio *woke* [despierto] que es cualquier cosa menos el evangelio. *Woke* es un término moderno que nunca debería aplicarse a ninguna iglesia porque se refiere a una ideología política progresista basada en percepciones de injusticias sociales y prejuicios con respecto a la raza, el género y la orientación sexual, todos los cuales ya se abordan en la Biblia.

Las iglesias que se identifican como *despiertas* demuestran que escuchan al mundo más que al Espíritu Santo. ¿Cómo es eso? No es necesario *despertar* al Espíritu Santo. El Espíritu no se *despierta* repentinamente ante algún tema, tendencia o narrativa que haya pasado por alto o ignorado anteriormente. No necesita aprender nada porque lo sabe todo. Él es eternamente relevante.

Cuando una iglesia adopta terminología e ideas seculares y las incorpora a sus enseñanzas, se ha apartado de la completa dependencia de la Palabra de Dios y su autoridad. Sin embargo, muchas iglesias que afirman ser bíblicamente sólidas ahora se identifican como *woke*. Y al igual que los hijos de Israel, han abandonado erróneamente el antiguo camino trazado por Dios. "Mi pueblo me ha olvidado (…); ha tropezado en sus caminos, en las sendas de siempre, y anda por atajos y no por el camino principal" (Jeremías 18:15 RVC).

La iglesia está siendo engañada por pastores que han manipulado la Palabra de Dios. Muchos en el púlpito no solo ven el Génesis como poesía simbólica, sino que tampoco estudian a los profetas y declaran cada vez más que realmente no es necesario leer el Antiguo Testamento. Creo que una de las marcas significativas de una iglesia *woke* es evitar enseñar cantidades significativas de las escrituras del Antiguo Testamento. Sin embargo, sin el Antiguo Testamento, no hay manera de entender completamente el Nuevo. Tampoco podrás identificar a Jesús como el Mesías. Algunos incluso dicen que el Antiguo Testamento ya no se aplica a los creyentes, lo cual me parece interesante porque las palabras de Jesús contradicen su posición. En Mateo 5:17-18, Jesús dijo: "No piensen que he venido a anular la Ley o los Profetas; no he venido a anularlos, sino a darles cumplimiento. Les aseguro que mientras existan el cielo y la tierra, ni una letra ni una tilde de la Ley desaparecerán hasta que todo se haya cumplido". Jesús vino a cumplir cada parte del Antiguo Testamento, hasta cada coma y punto.

La segunda carta de Timoteo 3:16 nos dice: "Toda la Escritura es inspirada por Dios y útil para enseñar, para reprender, para corregir y para instruir en la justicia". Nuevamente les recuerdo que cuando la Biblia dice todo, significa todo.

Puedes identificar a una iglesia autodenominada *woke* porque también ha cortado lazos con la ortodoxia bíblica tanto del Antiguo como del Nuevo Testamento. Su pensamiento retorcido sobre la moralidad contradice directamente lo que Dios ha dicho que es bueno y correcto. El único resultado posible de tal error es el relativismo moral, que se desvía de los mandamientos de Dios.

La iglesia *woke* también ha abordado los problemas sociales que predominan en nuestros días. Mientras escribo esto, la respuesta de la iglesia estadounidense a las agendas sociales y políticas ha sacudido profundamente sus cimientos, lo cual no es malo porque ha expuesto una gran brecha. De un lado está la iglesia *woke*, arrastrada hacia errores doctrinales a través de ideas emocionalmente atractivas y arraigadas en la ideología marxista. Del otro lado está la iglesia de Jesús, que descansa sobre la "columna y fundamento de la verdad" (1 Timoteo 3:15).

Una visión diferente de Israel

Satanás busca distorsionar o reemplazar lo que no puede destruir. Hay un componente clave del engaño dentro de la iglesia hoy que a menudo se pasa por alto o se ignora por completo: la idea de que la iglesia ha reemplazado a Israel.

La teología del reemplazo es conocida por varios nombres de los que quizás hayas oído hablar: teología del pacto, teología del cumplimiento, teología de la expansión y teología de la restauración, entre otros. Cualquiera sea el nombre que reciba, la teología del reemplazo no tiene base bíblica e ignora los hechos. Sea como fuere, conocidos pastores progresistas y profesores de seminarios están sustituyendo a Israel por la iglesia en su interpretación de las Escrituras. Si bien la teología del reemplazo es popular hoy en día, tiene raíces antiguas. Las comunidades cristianas marginales del siglo II enseñaban que, debido a que los judíos rechazaron a Jesucristo como Mesías en su primera venida, Dios, a su vez, los rechazó por completo a ellos. Pero eso no es correcto.

Las promesas de Dios al pueblo judío son poderosas y eternas. En lugar de intentar explicar a Israel reemplazándolo con la iglesia, deberíamos mirar lo que dice la Biblia sobre el futuro del pueblo judío. Dios dio amplia advertencia de que, si Israel rechazaba su liderazgo, Él los juzgaría según sus caminos (ver Deuteronomio 28). Y si persistían, serían arrojados a los cuatro confines de la tierra hasta los últimos días. La historia muestra que Israel continuó su camino de rebelión y eventualmente fue expulsado de su tierra en juicio, de manera muy similar a como Adán y Eva fueron expulsados del Edén. Pero la dispersión de los judíos no prueba el rechazo de Dios a Israel, ni tampoco su rechazo al Mesías. Al contrario, demuestra que Dios cumplió su palabra al castigar a su pueblo.

Lamentablemente, una interpretación bíblica errónea ha creado una historia de atrocidades cometidas en el nombre de Jesucristo contra el pueblo judío. No hay duda de que este pensamiento erróneo ha sido el camino que ha llevado al actual movimiento de Boicot, Desinversión y Sanciones (BDS) y al antisemitismo.

Creo que la teología del reemplazo también favorece la agenda islamista. La falsa doctrina de la teología del reemplazo y el islam son compañeros interesados, porque ambos niegan el derecho a existir del actual Estado de Israel. Muchos cristianos que abrazan la teología del reemplazo también rechazan partes proféticas del Antiguo Testamento y la veracidad del cumplimiento de la promesa de Jesús. Sin embargo, para que Jesús cumpla la profecía bíblica, Israel debe estar de regreso en su tierra antes de la segunda venida de Cristo, como lo está hoy.

Hay muchos peligros en torno a las falacias de la teología del reemplazo. Un problema importante es que coloca a la iglesia directamente en la tribulación de siete años. Exigir que la iglesia enfrente la ira de Dios es decir que no hay esperanza bienaventurada ni manifestación gloriosa de Jesucristo, ni arrebatamiento de la iglesia, antes de la tribulación (ver Tito 2:13). Tal pensamiento no logra comprender lo que dice la Palabra profética de Dios acerca de la nación de Israel, como se anuncia claramente en Daniel 9:24-27:

> Setenta semanas han sido decretadas para que tu pueblo y tu santa ciudad pongan fin a las transgresiones y pecados, pidan perdón por la maldad, establezcan para siempre la justicia, sellen la visión y la profecía y consagren el Lugar Santísimo.

> Entiende bien lo siguiente: Habrá siete semanas desde la promulgación del decreto que ordena la reconstrucción de Jerusalén hasta la llegada del Príncipe Ungido. Luego habrá sesenta y dos semanas más. Entonces será reconstruida Jerusalén, con sus calles y trincheras, pero en tiempos difíciles. Después de las

sesenta y dos semanas se le quitará la vida al Ungido y se quedará sin nada. La ciudad y el santuario serán destruidos por el pueblo de un príncipe que vendrá. El fin vendrá como una inundación, la destrucción no cesará hasta que termine la guerra. Durante una semana ese gobernante hará un pacto con muchos, pero a media semana pondrá fin a los sacrificios y ofrendas. Y en el Templo establecerá la abominación que causa destrucción, hasta que sobrevenga el desastroso fin que le ha sido decretado.

A primera vista, la profecía de Daniel sobre las setenta semanas puede parecer confusa, por lo que recomiendo encarecidamente el libro de Sir Robert Anderson, *El Príncipe que ha de venir*. Los cálculos exactos de Anderson sobre el libro de la profecía de las setenta semanas de Daniel nos ayudan a comprender el plan profético de Dios para la nación de Israel.

El cronómetro profético de la profecía de Daniel comenzó con la orden del rey Artajerjes Longimano, el 5 de marzo de 444 a. C., de restaurar y reconstruir Jerusalén (ver Nehemías 2:1-8; Daniel 9:25). Sabemos por Daniel 9:2 que cada período de una semana representa siete años, por lo que desde el decreto del rey hasta el tiempo del Mesías serían 483 años. ¿Cómo puede ser que del 444 a. C. al 33 d. C. equivalgan a 483 años? El cálculo se basa en el calendario babilónico de 360 días en lugar de nuestro calendario moderno de 365 días. Los 483 años suman un total de 173 880 días, lo que nos lleva al 30 de marzo del año 33 d. C., el día exacto en que Jesús entró en Jerusalén montado en un asno el Domingo de Ramos (ver Mateo 21:1-9).

Daniel 9:26 también predijo que el Mesías sería cortado por un delito capital (6 de abril de 33 d. C.). Después, Jerusalén y el templo serían destruidos, lo cual ocurrió en el año 70 d. C. Pero esto todavía deja a Israel con un período de siete años aún por cumplir. El reloj profético ha sido detenido hasta que comience la séptima semana final de

Daniel, el período de la tribulación. La promesa de una semana futura que Dios dirige a la nación de Israel aún debe cumplirse literalmente.

Los cristianos y aquellos que quieran estudiar la historia judía en su sentido más amplio deben leer cuidadosamente toda la Biblia para ver lo que dice sobre la creación y el destino de Israel. Así descubrirán que Dios no ha terminado con la nación de Israel ni con el pueblo judío.

Las revelaciones proféticas del Antiguo Testamento son tan claras que frustran a quienes se niegan a creer en el gran compromiso de Dios con Israel en los últimos días. De hecho, escúchame claramente en esto: si Dios no cumple sus promesas futuras a Israel y al pueblo judío, entonces no tiene obligación alguna de cumplir sus promesas del Nuevo Testamento para ti, para mí y para la iglesia. Permíteme repetirlo: si Dios no cumple sus promesas a Israel, incluidas las de castigo, no tienes ninguna seguridad de que cumplirá sus promesas para ti.

Un diseño diferente para hombres y mujeres

El diseño de Dios para hombres y mujeres ha sido el estándar aceptado desde el principio de los tiempos, es decir, hasta dos decisiones históricas. En 1973, la Corte Suprema de los Estados Unidos dictaminó, en el caso Roe contra Wade, que las mujeres tenían derecho a abortar, de interrumpir su embarazo. Ese mismo año, la Asociación Estadounidense de Psiquiatría dejó de considerar a la homosexualidad como un trastorno mental, declarándola un comportamiento normal. El aborto desenfrenado y la sexualidad desviada, que empeoraron durante el movimiento del amor libre de la década de 1960, iniciaron una reacción en cadena que gradualmente remodeló la cultura y, a su vez, la iglesia. Lo que la iglesia de hoy ha llegado a permitir y tolerar —e incluso aceptar— es una clara indicación de la naturaleza insidiosa de este engaño específico.

Para que basemos nuestro pensamiento sobre un fundamento sólido, veamos primero el diseño de Dios:

> Y Dios creó al ser humano a su imagen; lo creó a imagen de Dios; hombre y mujer los creó. Y Dios los bendijo con estas palabras: "¡Sean fructíferos y multiplíquense; llenen la tierra y sométanla; dominen a los peces del mar y a las aves del cielo, y a todos los animales que se arrastran por el suelo!" (Génesis 1:27-28).

Cuando Dios anunció que había creado a la humanidad a su imagen, no estaba diciendo que seamos versiones físicas de Él. Ser creado a imagen de Dios significa que nosotros, entre todas las criaturas vivientes, estamos diseñados exclusivamente para reflejar su semejanza moral. Nos dio la capacidad de pensar, crear, razonar, experimentar y disfrutar cosas que ni los animales ni los ángeles conocen. También nos hizo varón y mujer, y lo hizo de tal manera que podamos procrear y cumplir su plan de ser fructíferos y multiplicarnos (Génesis 1:28). Las Escrituras no dejan dudas de que Dios desea que un esposo y una esposa se unan para crear una familia.

La familia nos habla no solo de un proceso biológico sino también de lógica, razón y propósito. La unidad familiar es uno de los métodos ordenados por Dios para asegurar que su Palabra y su voluntad impregnen la sociedad. Malaquías 2:15 respalda esto: "¿Acaso no hizo Dios un solo ser que es cuerpo y espíritu? Y ¿por qué es uno solo? Porque busca descendencia dada por Dios". Sin embargo, la iglesia se ha alejado de lo que es necesario para crear iglesias fuertes, saludables y familias duraderas. Para dejar claro mi punto, ¿con qué frecuencia escuchas a los pastores contrarrestar la forma subversiva de masculinidad que se está infiltrando en sus congregaciones?

La disminución del número de hombres fuertes y piadosos en la iglesia es alarmante. Creo que los principios de Dios para la masculinidad bíblica deben proclamarse desde cada púlpito. Y cuando no es así, les corresponde a los hombres tomar sus Biblias y descubrir lo que significa ser hombres como Josué, David y Daniel. Pero la investigación no debería detenerse ahí. Deben evitarse las manifestaciones grotescas de la virilidad, como las que se ven en Acab, Manasés y Nabal, aunque también podemos aprender mucho estudiándolos a ellos.

También haríamos bien en aprender de la fuerte masculinidad del propio Jesucristo. Jesús era Dios en piel humana, pero también era un verdadero hombre. Sí, me escuchaste correctamente. Actuó como un hombre, habló como tal y fue un modelo de hombría para nosotros los varones. Un hombre que se modela según Jesús será un líder servidor. Jesús alimentó a multitudes hambrientas, reprendió a los hipócritas religiosos, consoló a los afligidos y abatidos y lavó los pies de sus discípulos. Nada estaba debajo de Él. La masculinidad bíblica significa ser un hombre fuerte y sensible a la vez, firme, pero tierno. Cuando la iglesia enseña y fomenta la masculinidad bíblica, honra la Palabra de Dios.

Masculinidad bíblica

La masculinidad bíblica es lo que la iglesia y, por extensión, el mundo necesita hoy. No quiero criticar cómo los hombres cristianos intentan encajar en la cultura por su forma de vestir, vivir y actuar. Pero diré que un hombre cristiano debe verse en ese rol y cumplirlo en lugar de quedar atrapado en la mundanalidad que se presta a la castración de la masculinidad. Esto puede parecer demasiado fuerte para algunos lectores, pero solo diez minutos viendo anuncios de televisión les dirán que estoy en lo cierto al hacer esta observación.

En comparación con los modelos a seguir de generaciones anteriores, los medios de comunicación retratan a los hombres como torpes e incompetentes. Aparentemente, no sabemos cómo dirigir una familia, tomar decisiones o siquiera hacer las compras correctamente. Incluso estamos viendo a los hombres quedar completamente fuera de escena. En cambio, dos mujeres están criando a los niños, sin ningún padre ni marido presente. Los comerciales no son el único lugar donde se desarrolla esta nueva norma; las comedias y las películas presentan a las mujeres como tipos alfa dominantes con compañeros masculinos que carecen de los rasgos típicamente asociados con la masculinidad. Este tipo de cambios de roles y formas de pensar se han infiltrado en la iglesia con poca resistencia. Satanás ha estado ganando territorio cedido.

¿En qué se diferencia la masculinidad bíblica de lo que actualmente se llama masculinidad? Voy a enmarcar esto en el contexto de los hombres casados, pero incluso si eres un soltero, escucha. Guarda esta información para usarla en el futuro y te prometo que serás bendecido.

Según la Biblia, un hombre debe amar a su familia. Amar a tu esposa significa dejar de lado tu egoísmo y cualquier problema personal destructivo. Todos los hombres llevan consigo alguna carga del pasado; a veces, se parece a un equipaje. Pero debemos luchar constantemente contra esas luchas para que no destruyan nuestras relaciones matrimoniales o familiares. Debemos buscar la voluntad de Dios y su diseño para la masculinidad, de manera que podamos ser el esposo y padre que nuestra familia necesita.

En Efesios 5 leemos acerca de la responsabilidad del esposo de amar a su esposa como Cristo ama a la iglesia. Algunos varones me han llegado a decir que se sienten intimidados por el lenguaje del versículo 26, que describe cómo Cristo santifica a su iglesia lavándola a través de su Palabra. Los maridos a menudo suponen que esto significa que deben estudiar la Biblia en profundidad con su esposa. Terminan pensando demasiado en el mandato de Dios y se dan por vencidos incluso antes de empezar. ¡No dejes que eso suceda! Toma tu Biblia, reúnete con tu esposa y comienza con el primer capítulo de un libro corto como Filipenses. Establece que tú leas el versículo 1 en voz alta a tu esposa, que ella lea el versículo 2 en voz alta y luego tú sigas con el versículo 3. Cuando hayan terminado de leer el capítulo, cierren sus Biblias y oren el uno por el otro con base en lo que hayan leído. El tiempo juntos con la Palabra puede ser así de simple.

Feminidad bíblica

No podemos dejar el modelo bíblico masculino sin hablar de las mujeres. En Estados Unidos recientemente confirmamos a una jueza de la Corte Suprema que, cuando se le pidió que definiera a una mujer, respondió: "No soy bióloga". No comentaré su respuesta vacía excepto para decir que es triste cuando una mujer no puede o no quiere definir lo que es. Podemos estar agradecidos de que la Palabra de Dios no se confunda ni sea *woke* cuando se trata de la feminidad.

Según Génesis 2:20, no se encontró ninguna compañera digna o adecuada para Adán, por lo que Dios lo metió en un sueño profundo y tomó una de sus costillas para crear a Eva. La ciencia detrás de esto es fantástica, pero desde un punto de vista devocional, la costilla es lo más cercano al corazón del hombre. Esto habla de la ternura de Dios hacia Eva y sus descendientes y, por tanto, las mujeres deben ser tratadas de la misma manera. En el cristianismo, Dios exige que las mujeres reciban honra y sean tenidas en alta estima, en contraste con las religiones paganas que degradan, abusan y reprimen a las mujeres.

Que Dios haya creado a los hombres y a las mujeres de manera diferente no es un comentario sobre su valor ante Él: ambos tienen el mismo valor.

Las mujeres son muy capaces de sobresalir en el gobierno, el mundo académico, las fuerzas del orden, los negocios y más. Aplaudo el uso de los talentos que Dios les ha dado en cualquier campo en el que entren, pero eso no significa que debamos pasar por alto las claras diferencias entre hombres y mujeres y cómo Dios quiere usarlas. Puede que esté simplificando demasiado, pero creo que entenderás cuando digo que, en términos generales, los hombres pueden tener problemas con la falta de atención; las mujeres tienden a ser más tiernas, diplomáticas y persuasivas. Ninguna de esas observaciones significa que ellas no puedan ser firmes y ellos no puedan estar atentos. Pero debemos preguntarnos: ¿nos hemos dejado condicionar por las clases de sociología, los medios de comunicación y otros medios para aceptar modelos no bíblicos de masculinidad y feminidad?

Por diseño de Dios, una mujer tiene dones que el hombre no, y viceversa. Dios quiere que hombres y mujeres se complementen y fortalezcan mutuamente. La iglesia de hoy debería tomar la iniciativa mostrando a los niños cómo ser niños y a las niñas cómo ser niñas. No deberíamos delegar esa tarea al mundo. Las nuevas generaciones necesitan ver las diferencias fundamentales, pero hermosas, entre un varón y una mujer, un marido y una esposa, y un padre y una madre.

Desafortunadamente, el silencio de la iglesia sobre estos asuntos es ensordecedor. Si queremos recuperar a nuestros jóvenes, debemos hablar. Hay demasiado en juego como para guardar silencio. De ello depende la salud y la estabilidad de las generaciones futuras.

Acabamos de ver varias formas significativas en que la iglesia se ha convertido en algo distinto de lo que Dios la llamó a ser. Engañada por una teología no bíblica y gobernada por las emociones, la iglesia ha quedado magullada, maltratada y debilitada por su afiliación con el mundo. Ya no es el estándar de justicia o la sal y la luz que alguna vez fue. Por supuesto, Satanás está detrás de todo. Él sabe que la persecución hace que la iglesia profundice y se fortalezca, por eso ha realizado su trabajo sucio a través del engaño. Satanás ha adormecido a los creyentes hacia un estupor espiritual. Ha aturdido sus corazones y sus mentes.

LEVANTA LA BANDERA DE ADVERTENCIA

El deslumbramiento en el que vivimos representa un peligro para los cristianos desprevenidos, y no difiere mucho de la ilustración que el famoso predicador H.A. Ironside usó en su libro *Illustrations of Bible Truths* [Ilustraciones de las verdades bíblicas], en la que dos trenes circulan por la misma vía. En un tren viajaban niños que regresaban de la escuela a casa, mientras que el otro era de carga. El que transportaba a los niños se averió en las vías y el maquinista envió a un banderillero para que retrocediera un poco y le advirtiera al próximo tren. El banderillero se dirigió a su posición e izó la bandera de advertencia. El tren de carga pasó a toda velocidad y tocó la bocina como señal de comprensión, pero siguió adelante. Al tomar una curva ciega, chocó con los vagones de pasajeros, matando a todos, excepto al maquinista del tren de carga, quien saltó a un lugar seguro.

Días después, el maquinista y el banderillero fueron citados a comparecer ante el tribunal para rendir cuentas.

—¿Por qué no se detuvo cuando vio la bandera? —preguntó el juez.

—Se suponía que no debía detenerme —respondió el maquinista.

Pero el banderillero afirmó que había enarbolado una bandera roja. Luego el juez interrogó al ingeniero:

—¿Qué significa el rojo para ti?

—Para mí, rojo significa 'detenerse', pero él no levantó una bandera roja. Levantó una bandera amarilla. El amarillo significa precaución, así que comencé a prepararme, pero no pude ver nada urgente —dijo el maquinista.

> Dios nos ha colocado a ti y a mí a propósito en este momento de la historia.

Se desató una discusión sobre el color de la bandera que vio el maquinista y el juez ordenó que la trajeran a la sala del tribunal. Se sacó la bandera y el banderillero la levantó. Todos se quedaron sin aliento. Era amarilla… Era la misma bandera que siempre había usado, pero no la había verificado. Alguna vez había sido roja, pero con el paso del tiempo, el sol la había blanqueado hasta convertirla en un amarillo descolorido.[1]

El error del banderillero costó la vida de personas inocentes, y encuentro llamativo el paralelismo con las enseñanzas del púlpito de hoy. Demasiados han distorsionado o diluido la Palabra de Dios; la convicción ha sido eliminada de ella. El evangelio ya no es rojo. Se ha vuelto de un amarillo descolorido, dejando a la gente sin idea de la catástrofe que se avecina.

Mientras el mundo corre por la vía hacia el regreso de Jesucristo, la urgencia de que los creyentes levanten la bandera de advertencia de la verdad bíblica es grande. Y al igual que los hijos de Isacar, debemos entender lo que estamos viendo y saber qué debemos hacer (ver 1 Crónicas 12:32).

Nuestra comprensión de los tiempos ha crecido enormemente, pero armarnos de conocimientos no es suficiente. Debemos "vestirnos para el servicio y mantener nuestras lámparas encendidas" (ver Lucas 12:35).

En la antigüedad, un hombre vestido y listo para el servicio ceñía su larga túnica exterior con el cinturón alrededor de su cintura. Esta acción lo preparaba para trabajar o luchar sin obstáculos. También se aseguraba de que nada lo agobiara ni lo frenara (ver Hebreos 12:1). Pedro tenía algo similar en mente cuando dijo: "Ceñid los lomos de vuestro entendimiento" (1 Pedro 1:13, RVR 1960). La Nueva Biblia de las Américas traduce esa frase como "preparen su entendimiento para la acción". Pedro también les recuerda a los creyentes: "Más bien, sean ustedes santos en todo lo que hagan, como también es santo quien los llamó; pues está escrito: 'Sean santos, porque yo soy santo'" (1 Pedro 1:15-16). ¡Me gusta eso! Los cristianos necesitan una vida sin obstáculos y una santidad tenaz si quieren estar preparados para trabajar y luchar por la verdad.

Quienes entienden los tiempos saben que se avecina la noche. Podemos sentirlo, es palpable. Lo vemos en la oscuridad que envuelve al mundo y a la iglesia. Antes de la electricidad, las lámparas de aceite eran esenciales para iluminar, y antes de que cayera la oscuridad, era necesario tener suficiente aceite a mano. Había que estar preparado. Dios nos ha colocado a ti y a mí a propósito en este momento de la historia. ¿Estás vestido para el servicio? ¿Estás preparado? ¿Estás sosteniendo tu lámpara para que otros puedan ver lo que sucede a su alrededor?

Mi oración es que seamos fortalecidos contra la teología basada en las emociones. Oro para que revivamos el arte perdido del pensamiento crítico y escudriñemos todo a la luz de la Palabra de verdad, porque solo ella da sabiduría y claridad. Y que levantemos la bandera de advertencia que está teñida de rojo con la sangre de Cristo.

CAPÍTULO 6

DESLUMBRADOS POR LA CREENCIA FÁCIL

Nuestra cultura detesta sentirse incómoda. Tenemos industrias enteras orientadas a calmar nuestros sentidos y hacernos sentir cómodos y tranquilos. Esto crea un ambiente perfecto para que eche raíces el engaño de un evangelio poco exigente y fácil de digerir. Antes de abordar el tema de la "creencia fácil",* quiero preparar el escenario mirando brevemente la tricotomía del hombre.

La Biblia enseña que somos cuerpo, alma y espíritu (1 Tesalonicenses 5:23). En el jardín del Edén, antes de la caída de Adán y Eva, cada una de esas áreas estaba en su orden apropiado. Los espíritus de Adán y Eva gobernaban, sus almas estaban sujetas al espíritu y sus cuerpos

---

* N. de la T.: La "creencia fácil" [*easy believism*, en inglés] se ha filtrado en los círculos cristianos como una idea que enseña que la fe consiste simplemente en estar convencido o dar crédito a la verdad del evangelio, sin incluir un compromiso personal con Cristo.

estaban sujetos a ambos. Pero con la caída se produjo una inversión del orden. Las pasiones carnales comenzaron a tomar el control; ahora, nuestros cuerpos son esclavos del pecado. El Espíritu Santo ya no guía el alma. Esto la deja instigada, tentada y presionada por las exigencias de la carne. Y nuestro espíritu está en coma, por así decirlo, hasta que llegamos a Jesucristo.

La vida en el jardín era perfecta y Dios les dio a Adán y Eva la libertad de comer de todo árbol, con una excepción. Dios les prohibió comer del árbol del conocimiento del bien y del mal por esta razón: "el día que de él comas, sin duda morirás" (Génesis 2:17). En el momento en que consumieron ese fruto, experimentaron la muerte espiritual. Sabemos que fue espiritual porque Génesis registra que continuaron viviendo después de la caída, pero eventualmente también murieron físicamente. Cada uno de nosotros experimenta la muerte física debido al pecado de Adán y Eva, pero si nacemos de nuevo, la muerte física es simplemente una transición para vivir en la presencia de Cristo para siempre.

El evangelio trata sobre la realidad de una vida eterna en el cielo y una vida nueva aquí y ahora. Cuando somos lo que Jesús llamó "nacidos de nuevo" (ver Juan 3:3), el espíritu se pone en primer lugar, el alma conserva su lugar en el centro y la carne ocupa un lugar menor. ¡Esa, amigo mío, es la mejor noticia que existe! Pero hay un enemigo de esta verdad, que se menciona en 1 Juan 4:3: "todo espíritu que no confiesa a Jesús no es de Dios, sino del anticristo".

En el capítulo 3 de este libro analizamos 1 Juan 4:1-6 con respecto a probar los espíritus. En caso de que no lo hayas notado, la palabra "espíritu" no está en mayúscula como cuando las Escrituras se refieren al Espíritu Santo. Este es un espíritu menor. El espíritu al que se refiere Juan es indudablemente humano, pero no guiado por el Espíritu de Dios. Hay una fuerza demoníaca que lo impulsa.

ENEMIGOS DEL EVANGELIO

Con el destino eterno de cada persona que está fuera de Cristo en juego, se está librando una batalla decisiva sobre lo que constituye el evangelio. Los enemigos del evangelio reemplazan el evangelio bíblico con un mensaje de creencia fácil, y están en todas partes. A partir de Mateo 13:24, Jesús enseñó tres parábolas que exponen la presencia de estos influenciadores en cada iglesia y en cada obra de Dios. Echemos un vistazo a lo que dijo:

> El reino de los cielos es como un hombre que sembró buena semilla en su campo. Pero mientras todos dormían, llegó su enemigo y sembró mala hierba entre el trigo y se fue. Cuando brotó el trigo y se formó la espiga, apareció también la mala hierba. Los siervos fueron al dueño y le dijeron: "Señor, ¿no sembró usted semilla buena en su campo? Entonces, ¿de dónde salió la mala hierba?". "Esto es obra de un enemigo", respondió. Le preguntaron los siervos: "¿Quiere usted que vayamos a arrancarla?". "¡No! —contestó—, no sea que, al arrancar la mala hierba, arranquen con ella el trigo. Dejen que crezcan juntos hasta la cosecha. Entonces diré a los segadores: Recojan primero la mala hierba y átenla en manojos para quemarla; después recojan el trigo y guárdenlo en mi granero" (Mateo 13:24-30).

Luego, Jesús contó una parábola acerca de una semilla de mostaza:

> El reino de los cielos es como una semilla de mostaza que un hombre sembró en su campo. Aunque es la más pequeña de todas las semillas, cuando crece es la más grande de las plantas del huerto. Se convierte en árbol, de modo que vienen las aves y anidan en sus ramas (Mateo 13:31-32).

Y la última de las tres parábolas es esta:

> El reino de los cielos es como la levadura que una mujer tomó
> y mezcló en tres medidas de harina, hasta que hizo crecer toda
> la masa (Mateo 13:33).

¿Qué aprendemos de la cizaña, las semillas de mostaza y la levadura en relación con la obra de Dios en la Tierra? Primero, entendemos que la cizaña está entre nosotros y se parece a nosotros, pero las similitudes terminan ahí. El enemigo, Satanás, ha sembrado falsos maestros y sus falsos convertidos en su intento de destruir la obra de Cristo. Lo interesante de la cizaña es que contiene una toxina que causa enfermedades y puede destruir la cosecha. Entonces, ¿por qué esperar hasta el final para separar lo bueno de lo malo? ¿Por qué no deshacerse de ellos ahora? La implicación de una cosecha en los últimos tiempos nos dice que se avecina un juicio futuro. Dios mismo los eliminará. Jesús dijo que dejáramos a la cizaña crecer porque su juicio en ese día será completo, mientras que su pueblo se mantendrá a salvo.

A continuación, vemos que la semilla de mostaza experimentó un crecimiento anormal, y este permitió que las aves se alojaran en sus ramas. Cuando las Escrituras mencionan a las aves, a menudo es de manera positiva. Tomemos, por ejemplo, cuando Jesús dijo que un gorrión no puede caer al suelo sin que el Padre lo sepa (Mateo 10:29). En ese contexto, las aves son buenas. Pero las que acuden en masa a esta extraña planta parecida a un árbol no son buenas. En esta parábola, las aves del cielo tienen una connotación maligna. Lo mismo se aplica a la levadura escondida en la comida. En la tipología bíblica, la levadura siempre se refiere al pecado.

> Aunque tu biblia tiene miles de años, nunca está desactualizada.

¿Qué nos está diciendo Jesús? Que la iglesia crecerá a tal tamaño que los enemigos del evangelio se infiltrarán y le infundirán doctrinas destructivas. Sé que suena siniestro, pero cobra ánimo; su juicio se avecina. Al final, ninguno de ellos saldrá impune por lo que están haciendo.

Los enemigos enseñan un evangelio modernizado

La creencia fácil tiene sus raíces en el descuido consciente o inconsciente de todo el consejo de la Palabra de Dios, y requiere alterar el evangelio encontrado en la Biblia. Hoy en día, las iglesias están sucumbiendo rápidamente a este plan alternativo de salvación por temor a ofender a alguien.

Escucha: aunque tu Biblia tiene miles de años, nunca está desactualizada. El mensaje del evangelio nunca necesita actualizarse. Pero si escuchas el evangelio modernizado de hoy, oirás una versión basada en la sabiduría actual, la corriente política y lo que se siente emocionalmente correcto. Al mismo tiempo, ¿has notado cómo la sabiduría tradicional, tal como la conocíamos, ha quedado en el camino? La gente ahora confía en extrañas perversiones de la verdad en su resbaladizo alejamiento de la sabiduría bíblica y la lógica del sentido común. Y esto ha influido en la iglesia.

Lejos del evangelio centrado en Cristo está el mensaje de necesidades sentidas que inunda la iglesia. Folletos coloridos y anuncios pegadizos enmascaran el engaño detrás de las invitaciones, como "Visítenos mientras recorremos doce pasos para tener una vida significativa" o "Únase a nosotros y descubra los cinco principios para una vida exitosa". Suenan bien, pero ¿son el evangelio? ¿Es el primer paso de los doce que debes nacer de nuevo? ¿Alguno de los principios trata con tus pecados? Desafortunadamente, mucha gente preferiría tener los cinco principios y los doce pasos en lugar de adherirse a lo que Jesús enseñó.

No hay nada malo con los principios y pasos excepto que no son el evangelio. Los sermones que continuamente se enfocan en las necesidades por encima de Cristo no son muy diferentes de lo que escucharás de un orador motivacional. Sí, es posible que escuches un versículo de la Biblia insertado en algún lugar para que la enseñanza parezca bíblica, pero no lo es. Es peligroso y completamente engañoso.

La gente sale de este tipo de enseñanza con falsas esperanzas. Han sido engañados haciéndoles creer que tienen una conexión con Dios. Se les ha dicho que ahora están en el camino correcto y que están en el camino hacia un nuevo comienzo. Tienen su esquema de doce pasos de un supuesto sermón, y se van con un poco de lo que perciben como cristianismo. Pero no se convierten. No son transformados. En muchos casos, el mensaje los ha inoculado contra el evangelio con un sustituto conveniente que se siente bien.

UNA SERIE DE REBAJAS
El evangelio sin el pecado

Cuando el enemigo está trabajando, el mensaje del evangelio se convierte en una serie de rebajas. Uno de los primeros lugares donde verás esto es en la rebaja de lo que el escritor puritano Ralph Venning llamó "la pecaminosidad del pecado". Cada vez que el evangelio no se enseña con claridad, se suaviza la naturaleza pecaminosa de la humanidad. La Biblia, por otra parte, nunca es ambigua en su valoración de la posición de la humanidad fuera de Cristo:

> Todos han pecado y están privados de la gloria de Dios
> (Romanos 3:23).

> Así está escrito:
> "No hay un solo justo, ni siquiera uno;
>   no hay nadie que entienda,
>   nadie que busque a Dios.
>   Todos se han descarriado;

juntos se han corrompido.
No hay nadie que haga lo bueno;
¡no hay uno solo!"
(Romanos 3:10-12).

Pues, si por el pecado de un solo hombre reinó la muerte, con mayor razón los que reciben en abundancia la gracia y el don de la justicia reinarán en vida por medio de uno solo, Jesucristo (Romanos 5:17).

¡Vaya! En el momento en que Adán lo cometió, el pecado se transmitió a toda la raza humana. Todo ser humano da positivo en PECADO. Somos pecadores natos; ni siquiera tenemos que intentarlo: está en nosotros. El rey David dijo que tú y yo fuimos concebidos en pecado (ver Salmos 51:5). ¿Significa eso que la concepción de un bebé es pecado? No, en absoluto. Pero cuando mamá y papá se juntan y conciben un niño, dentro de ese bebé hay una rebelión que los padres no tardan mucho en descubrir.

Los nuevos padres odian escuchar ese tipo de charla. Sé que piensan que su pequeño bebé es inocente y adorable, pero él o ella es un pequeño pecador. Puede que aún no lo demuestre, pero el deseo de pecar es parte de su naturaleza. A aquellos que son padres les pregunto: ¿recuerdan lo cambiante que era su pequeño? En un momento te estaba dando besos y abrazos, y al siguiente estaba en el suelo haciendo un berrinche porque le dijeron que no a algo en la juguetería. ¿Qué acaba de suceder? Pecado. Imagínate si los niños pequeños tuvieran más fuerza y movilidad, ¡sus arrebatos serían desastrosos! Agradezco que Dios retrase el desarrollo de sus habilidades motoras el tiempo suficiente para que podamos comenzar a darles forma y moldear sus corazoncitos.

El evangelio sin convicción

La próxima vez que escuches un mensaje, estate atento a si su contenido te hace consciente de actitudes o acciones que desagradan a Dios. Digo esto porque la predicación que es suave con el pecado carece de convicción. ¿Por qué esto es tan importante? Porque la convicción lleva a las personas a alejarse del pecado y buscar la santidad. Es problemático cuando nunca hay un motivo para la convicción: ninguno. Cuando la gente sale de un servicio de adoración y todo lo que escuchas es: "Oh, me encanta venir aquí. Siempre me siento muy bien cuando me voy", algo anda mal. No estoy menospreciando ese sentimiento, pero ¿es esa la base de tu asistencia a la iglesia? Si sentirte bien es el único fruto que buscas, ¿por qué no ir al bar o a algún otro lugar?

Dale a la gente la Palabra de Dios y observa cómo el Espíritu Santo se apodera de esos versículos o pasajes y los envía directamente a sus corazones. Solo la Biblia tiene el poder de emitir un veredicto sobre el estado del corazón de una persona. "La palabra de Dios es viva, eficaz y más cortante que cualquier espada de dos filos. Penetra hasta lo más profundo del alma y del espíritu, hasta la médula de los huesos, y juzga los pensamientos y las intenciones del corazón" (Hebreos 4:12). El Espíritu llevará el alma de ese hombre o esa mujer al punto en que confiese: "Oh Dios, perdóname por esta cosa terrible que he hecho. Me parte el corazón saber que te he deshonrado".

Como pastor debo presentar la verdad y dejar los resultados en manos de Dios. En su libro *Discursos a mis estudiantes*, Charles Spurgeon amonestó a los pastores: "Ninguna verdad debe ocultarse".[1] Me gusta eso. Creo que aquellos que están siendo tocados por la Palabra de Dios obedecerán. Ahora bien, es cierto que no todos los mensajes condenarán a todas las personas. Pero si el Señor habla, habrá vidas que se verán afectadas. La gente será alentada, exhortada, instruida y condenada. Y sí, algunos rechazarán el mismo mensaje que otros reciben. Jesús dijo: "Mis ovejas oyen mi voz; yo las conozco y ellas me siguen" (Juan 10:27).

¿Asistes a una iglesia donde no hay convicción? Espero que no, porque también estará desprovista de arrepentimiento, y sin arrepentimiento no hay transformación.

El evangelio sin arrepentimiento

Si hay un eslabón perdido en la iglesia de hoy, es la presentación de todo el evangelio tal como lo entendían los de la iglesia del primer siglo. Muy pocos lo detectamos o discernimos incluso en los sermones de pastores sinceros. En cambio, los escuchamos incitando a la gente a aceptar a Cristo, pero con mensajes que matan. ¿Cómo es eso? Con el deseo de ver almas ganadas para Cristo, los pastores y evangelistas dirán: "Si deseas recibir a Jesucristo hoy como Señor y Salvador, por favor levanta la mano o ponte de pie y ven hacia adelante mientras suena la música".

Venir hacia adelante no tiene absolutamente nada que ver con el evangelio. Podemos decir hasta cierto punto que tampoco tiene que ver con anunciar el hecho de que Jesucristo es el Señor, Dios encarnado, que murió en la cruz por nuestros pecados y resucitó de la tumba. Tal afirmación fracasa a la luz del evangelio presentado por Jesús y los apóstoles. ¿Puedes ver lo que falta? Es la palabra 'arrepentimiento'. *Arrepentimiento* es la primera palabra del evangelio. Y no puede haber buenas noticias sin conocer primero las malas. Nunca podremos apreciar a Jesucristo como Salvador a menos que primero reconozcamos que necesitamos salvación.

Cuando Jesús presentó el evangelio por primera vez, su anuncio: "El reino de Dios está cerca. ¡Arrepiéntanse y crean las buenas noticias!" (Marcos 1:15) fue muy claro para quienes escuchaban. Su invitación a la *metanoia* —la palabra griega para "arrepentirse"— significaba cambiar tu mente, cambiar la forma en que has estado pensando acerca de Dios y cómo conocerlo.

El requisito del arrepentimiento antes de creer tenía vívidas connotaciones para discípulos como Pedro, Jacobo y Juan. Cuando estos pescadores estaban navegando y escucharon gritar *metanoia*, entendieron que eso significaba que debían hacer un giro de ciento ochenta grados tanto de vela como de timón, y cambiar de rumbo. De la misma manera, Dios nos pide que consideremos la dirección que toma nuestra vida, que demos la vuelta y dejemos esa vida atrás.

Buscar a Cristo sin cambiar de rumbo es imposible. Nos encierra en un ciclo interminable de pecado y de pedir perdón, solo para repetir el proceso una y otra vez. El verdadero arrepentimiento rompe ese ciclo.

El arrepentimiento falta en la predicación por varias razones. Una es que muchos ministros no tienen la misma visión del pecado que Dios. Tampoco ven la salvación como Él la ve. Y seamos sinceros: hablar de arrepentimiento no te hace popular. Si le dices a la gente: "Tienes que arrepentirte de tus pecados", es muy probable que no escuchen otra palabra de lo que digas. Pero, como ya he dicho, la respuesta del oyente no es nuestra responsabilidad. Se ha dicho que un mensaje del evangelio dado sin el desafío y el llamado al arrepentimiento es un evangelio ilegítimo que produce un nacimiento ilegítimo. Invita a la gente a empezar a pensar: *Sí, parece un buen negocio. Tengo mi tarjeta Costco, mi tarjeta Visa y ahora también puedo obtener mi tarjeta Jesús.* Esto apela a su carne, pero los deja muertos en sus transgresiones y pecados (Efesios 2:1).

El evangelio sin su poder

Ninguna iglesia debería diluir la doctrina en un esfuerzo por lograr que la gente entre por sus puertas. Debería alcanzar y elevarlas mediante la Palabra de Dios para que reciban su gracia. La segunda carta de Timoteo 4:2 ordena a los pastores y maestros: "¡Predica la palabra!". Predica la Biblia, no un seminario. Ofrece la autorizada Palabra de Dios, no una charla motivacional o una historia para sentirse bien.

La creencia fácil y diluida dentro de la iglesia produce, en todo caso, cristianos débiles. Puede que sean fieles (algunos de ellos han asistido durante décadas), pero no tienen poder espiritual. En consecuencia, no se está produciendo ningún cambio duradero en sus vidas. Viven una vida superficial y poco profunda que han denominado "cristianismo".

La falta de poder espiritual a menudo está ligada a la falta de enseñanza expositiva que vaya versículo por versículo a lo largo de un libro de la Biblia. La enseñanza sistemática anima a las personas a comer de la Palabra de Dios, analizarla minuciosamente y aplicarla a sus vidas. El resultado es que se vuelven más arraigadas y fuertes en su caminar con el Señor.

Cuando tu dieta espiritual consiste en historias inspiradoras y mensajes de actualidad, no creces como deberías. El poder del evangelio no obra en ti como podría hacerlo, lo que te hace cuestionar por qué llevas una vida cristiana derrotada. Es una tragedia y es completamente innecesaria.

El evangelio sin la cruz

La primera carta de Corintios 1:17 deja claro que predicar el evangelio es predicar la cruz. Pablo dijo: "Pues Cristo no me envió a bautizar, sino a predicar las buenas noticias y eso sin discursos de sabiduría humana, para que la cruz de Cristo no perdiera su eficacia".

El aspecto más peligroso de la creencia fácil es su desvalorización de la cruz, la pieza central del cristianismo. Cuando la Biblia habla de la cruz no se refiere a un crucifijo ornamental brillante en un altar o una pieza de joyería. Este tipo de exhibiciones físicas no tienen poder en sí mismas: el poder está en el mensaje que representan. La cruz es el único medio por el cual tú y yo ganamos la eternidad, lo que hace fácil ver por qué Satanás la ataca con tanta fuerza.

Las llamadas presentaciones del evangelio a menudo vienen envueltas en las últimas tendencias con accesorios entretenidos, pero las verdades sobre la

> ¡El poder de la cruz lo cambia todo!

cruz están notoriamente ausentes. Después de todo, ¿quién quiere oír hablar de algo tan escabroso, sangriento y absolutamente espantoso? Sin embargo, cuando se predica correcta y literalmente, la cruz lleva a hombres, mujeres y jóvenes al punto de salvación, dado que es "poder de Dios para la salvación de todos los que creen" (Romanos 1:16).

Debes comprender la absoluta necesidad de la cruz manchada de sangre de Cristo; sin ella, la remisión de los pecados es imposible. Jesucristo, y Él crucificado, es la única base de nuestra justificación ante Dios Todopoderoso.

En Juan 3:14-15, Jesús dijo de sí mismo: "Como levantó Moisés la serpiente en el desierto, así también tiene que ser levantado el Hijo del Hombre, para que todo el que cree en él tenga vida eterna". Así como los hijos de Israel, vagando por el desierto, no pudieron salvarse de las serpientes ardientes, nosotros tampoco podemos salvarnos de la condenación que merece nuestra rebeldía. Solo mirando a la cruz nuestros pecados son perdonados y el cielo está asegurado.

No puedes esconderte ni eludir la cruz de Cristo. Solo puedes aceptarla o rechazarla, pero una vez aceptada y aplicada, ¡el poder de la cruz lo cambia todo!

ENEMIGOS DE LA CRUZ

Pablo nos advirtió acerca de aquellos que descartan la necesidad de abrazar la cruz cuando dijo: "Como he dicho a menudo, y ahora lo repito hasta con lágrimas, muchos se comportan como enemigos de la cruz de Cristo" (Filipenses 3:18). ¿No es asombroso? Pablo no dijo enemigos del amor de Dios, del bautismo o de la comunión. Señaló a los enemigos de la cruz. Ser enemigo de la cruz es rechazar el costo que ella conlleva. Nuevamente cito a Charles Spurgeon, quien dijo que hacer esto es hacer de la cruz "un asunto muy pequeño".[2]

La creencia fácil degrada la cruz al sugerir que es posible venir a Cristo sin seguirlo realmente. Esta es una trampa muy usada por Satanás. Dice así: has estado orando por la salvación de un amigo durante meses, tal vez incluso años. Finalmente llevas a tu amigo a la iglesia y estás sentado allí pensando: *Ojalá el pastor dijera esto o aquello. ¡Quiero que diga lo que sea necesario para salvar a mi amigo!* Quieres tanto que tu amigo responda a Cristo que esperas que el pastor le reste importancia al evangelio.

¿Puedes ver con qué facilidad esta línea de pensamiento puede desviarse de su curso? Será mejor que creas que Satanás lo sabe. Él está sentado junto a tu amigo, susurrándole al oído: "No te preocupes, no tienes que renunciar a nada. Puedes mantener tus lujurias, mentiras y trampas. Puedes mantener tus negocios cuestionables. De hecho, tu vida puede continuar como siempre". Pero lo que todo no cristiano necesita escuchar es lo que dijo Jesús: "Si alguien quiere ser mi discípulo, que se niegue a sí mismo, tome su cruz y me siga. Porque el que quiera salvar su vida la perderá; pero el que pierda su vida por mi causa, la encontrará. ¿De qué le sirve a uno ganar el mundo entero si se pierde la vida? ¿O qué se puede dar a cambio de la vida?" (Mateo 16:24-26).

Los incrédulos saben que se han comprometido a vivir según las normas y estilos de vida del mundo. También son conscientes del pecado escondido en lo más profundo de sus corazones; el Espíritu Santo los ha estado convenciendo desde que pudieron discernir entre el bien y el mal; necesitan escuchar que sus pecados pueden borrarse mediante lo que Jesús hizo en la cruz. Pero si eligen proteger y aferrarse a la vida que llevan actualmente, al final la perderán. Amigo mío, tenemos que decirles toda la verdad, ¡y nada más que la verdad! Y Dios nos capacitará para hacer exactamente eso.

¿Cuántas veces has sentido que el Espíritu Santo te impulsa a hablar de manera amorosa, pero directa, y a decirle a alguien la dura verdad sobre su pecado? Querías hablarle de Jesús, pero dentro de ti había una guerra. Por mucho que odiaras admitirlo, no querías parecer un tonto ni sentirte incómodo. Te avergonzaste del evangelio en ese momento, haciendo de la cruz "un asunto muy pequeño". Y vaya, eso duele.

En lugar de simplemente darles palmaditas en la espalda y preguntar: "¿Puedo orar por ti?", ruega con ellos y diles: "Amigo mío, te lo ruego, por favor ven a Jesús. No mueras sin Él. No hay purgatorio ni segunda oportunidad. Irás directo al infierno y será tu elección. ¡No hagas eso! Jesucristo pagó tu deuda de pecado; ponte de acuerdo con Dios y arrepiéntete. ¡Él te ama! ¡Ven a Él ahora!".

Una vez que se diluye o elimina la necesidad de la cruz, es fácil restarle importancia al costo de seguir a Cristo. No es necesario hablar de cómo la muerte y resurrección de Jesús deberían aplicarse a la vida diaria de las personas. Irónicamente, el mundo está lleno de sectas que exigen el ciento diez por ciento de sus devotos.

El grupo de los Testigos de Jehová exige a sus seguidores pasar cierta cantidad de horas estudiando la Biblia. Estas personas sinceras conocen más pasajes que la mayoría de los cristianos (¡ojalá los creyentes conocieran la Biblia como ellos!). El problema es que los Testigos de Jehová no la estudian con precisión ni en su contexto. Como resultado, sus falsas enseñanzas mantienen a la gente condenada al infierno.

¿O alguna vez has oído hablar del gurú indio Bhagwan Shree Rajneesh? Se hizo famoso a principios de la década de 1980 por establecer una gran comuna religiosa en Oregón. Miles de personas hacían fila para escuchar sus enseñanzas basadas en una mezcla de religión oriental y psicología pop. Una buena parte de sus seguidores eran profesionales y personas altamente educadas (médicos, profesores y abogados) que trabajaban doce horas al día en la comunidad. Muchas de estas mismas personas vendieron todas sus posesiones materiales para donar a la causa. Curiosamente, en un momento, ¡Rajneesh poseía noventa y tres automóviles Rolls Royce! Sin embargo, sus seguidores permanecieron fielmente comprometidos incluso después de que fue deportado a la India por fraude. Rajneesh murió hace mucho tiempo, pero te aseguro que otros ya han ocupado su lugar.

¿Cómo es posible que la gente se someta libremente a las exigencias de las sectas y, sin embargo, los cristianos luchen por permanecer firmes en su compromiso con Aquel que murió por ellos? ¿Podría ser que hayan sido engañados por la mentira del cristianismo sin costo ni cruz?

TESTIGOS DE LA CRUZ

La realidad de la cruz en nuestras vidas es observada por quienes nos rodean, incluidos nuestros enemigos. Una de las formas más efectivas de evangelización ocurre bajo la atenta mirada de un mundo incrédulo. Saben que somos seguidores de Jesús y nos observan en nuestras circunstancias cotidianas, en las luchas y victorias de la vida. Hay una cita que se ha atribuido a un par de personas diferentes, pero no importa quién la dijo. La última frase lo dice todo: "Predica el evangelio siempre. Y si es necesario, utiliza palabras". ¿No es ese un gran desafío?

Nuestras vidas deben ser un anuncio viviente, una señal y un testimonio de la presencia de Cristo, una hermosa demostración de su señorío y control. El ministerio de hacer discípulos ocurre cuando somos vasijas rendidas para el avance del reino de Dios. Pero para que esto suceda, debe haber un punto de partida de discipulado, como se ve en el mandato de Jesús a la iglesia en Mateo 28:19.

Jesús les dijo a sus seguidores, en lo que se ha llamado la Gran Comisión, que salieran por todo el mundo, predicaran el evangelio e hicieran discípulos en todas las naciones. La obra principal de la iglesia es dar a conocer el evangelio con un motivo específico: hacer discípulos.

La Gran Comisión es para cada creyente. De hecho, me atrevo a decir que, si no eres un seguidor de Jesucristo, no

> Cuando nos damos cuenta del precio que Dios pagó al perdonar nuestros pecados, somos inmediatamente humillados por el poder de semejante muestra de amor.

tendrás pasión, deseo ni estómago para hablar de Él. Ni siquiera está en tu radar, porque no puedes dar lo que no tienes. Pero, por otro lado, si Jesucristo está en tu vida, estarás disponible cuando Dios te presente la oportunidad. ¿Por qué es cierto? Porque ser discípulo implica hacer discípulos. Es un ministerio fundamental de la vida cristiana. Los discípulos reproducen discípulos, así como los pájaros reproducen pájaros y las ovejas reproducen ovejas.

La pregunta es: ¿eres un fiel seguidor de Jesús? Si es así, el flujo natural de tu vida afectará a los demás.

En su clásico cristiano *El costo del discipulado*, Dietrich Bonhoeffer escribe que somos salvos por la gracia de Dios, y cuando actuamos según esa gracia en fe, Él nos incorpora a su familia. Pero —advierte Bonhoeffer— aunque esa gracia pueda ser gratuita para nosotros, le costó todo a Dios. Puede que sea gratis, pero no es nada barato. No existe la gracia barata, la cual es una invención ilusoria del cristianismo progresista y liberal, que es un cristianismo falso.

Cuando nos damos cuenta del precio que Dios pagó al perdonar nuestros pecados, somos inmediatamente humillados por el poder de semejante muestra de amor. Somos llevados a un lugar en el que debemos inclinar el corazón y doblar las rodillas ante el Dios Todopoderoso, quien se relegó a sí mismo para ser como nosotros: humano. Nacido en Belén, según las Escrituras, soportó el peso y la vergüenza de relacionarse con la humanidad, solo para ser traicionado, crucificado, sepultado y resucitado de entre los muertos. Que la extravagancia de Dios sea correspondida con amor y devoción no debería sorprender a nadie.

¿Cuál es el costo de este tipo de discipulado? Es la cruz, lisa y llanamente. Como discípulo de Jesucristo, tomar tu cruz y seguirlo implicará negar tu carne, y eso cuesta. La cruz tiene un costo para tu orgullo y tu voluntad propia. Dios lo diseñó de esa manera. Él utiliza las cosas desagradables y difíciles de nuestra vida como instrumentos de crecimiento hacia la semejanza de Cristo, lo que a su vez muestra claramente el poder transformador del evangelio.

Sé que Dios planea lo mejor para mí. Sus métodos siempre han demostrado ser excelentes y superan con creces a los míos. La realidad de la cruz en mi vida significa proponerme hacer su voluntad por encima de la mía durante todo el día, pero solo puedo hacerlo si aplico la Palabra de Dios a cada situación. Cuando alguien no está de acuerdo conmigo, está bien. O cuando alguien tiene una idea mejor que la mía, está bien. Ya no tengo intereses personales en juego, sino solo los intereses de Dios y lo que es mejor para su reino. En mi matrimonio, tomar mi cruz es buscar la felicidad de mi esposa. Le pregunto al Señor: "¿Cómo puedo ser un testimonio para ella en esta situación? Sé lo que quiero hacer. Sé lo que creo que debería hacer. Pero, Señor, ¿qué es lo que Tú quieres que haga?".

El camino de la cruz no es fácil, pero es una manera increíblemente liberadora de vivir. Elegir tomar tu cruz se convierte en un gozo cuando el Espíritu de Dios gobierna y reina en ti. "Ahora bien, el Señor es el Espíritu, y donde está el Espíritu del Señor, allí hay libertad" (2 Corintios 3:17).

CAPÍTULO 7

DESLUMBRADOS POR EL ENGAÑOSO CLAMOR POR LA UNIDAD

Canciones modernas como "Imagine" de John Lennon a menudo llegan a lo más alto de los ránquines de música con su sueño de un mundo unido en un solo acuerdo. Este deseo de unidad en nuestro mundo fracturado parece alcanzable, pero ¿lo es realmente? ¿Cómo podría alguien pensar lo contrario? Después de todo, ¿no somos todos parte de una gran familia? Eso depende de tu punto de vista. ¿La Biblia no dice que la unidad es algo bueno? Sí, lo dice. "¡Vean qué bueno y agradable es que los hermanos vivan unidos!" (Salmos 133:1, DHH)

La unidad, como la describe el salmista, es maravillosa. Pero fíjate en el sustantivo: "hermanos". Aquellos de nosotros que somos de la familia de la fe debemos habitar juntos en unidad. Esto no es opcional. Es un llamado a la obediencia. Debemos esforzarnos y trabajar duro para mantener la unidad de la fe. Como hermanos y hermanas en Cristo, nuestras voluntades y emociones no deben prevalecer por sobre nuestra consideración hacia los demás. Sin embargo, a menudo lo hacemos, y el resultado es la lucha. Es un camino difícil cuando una familia no se lleva bien, y es por eso que se supone que debemos vivir y caminar en el Espíritu.

La iglesia primitiva sobrevivió y creció debido a la unidad de mente, corazón y propósito que tenía. Pero no se dejen engañar. La unidad que oyes reclamar en muchos lugares hoy es completamente diferente y se origina en una fuente oscura. Las entidades espirituales han atenuado las luces, por así decirlo, para camuflar su agenda.

EL ENGAÑO DE LA UNIDAD ECUMÉNICA

No podemos darnos el lujo de ser descuidados acerca de con quién nos unimos. A los creyentes se nos ordena: "Si es posible, y en cuanto dependa de ustedes, vivan en paz con todos" (Romanos 12:18). Los cristianos debemos aspirar a vivir en paz con todos, tanto creyentes como incrédulos, pero no a expensas de la integridad de la doctrina bíblica. Debemos tener extrema cautela, porque aunque algunos llamados a la unidad despertarán nuestras emociones, no tienen base bíblica.

Los cristianos hemos sido programados para creer que la división es algo malo. Es fácil ver por qué la gente acepta el creciente movimiento hacia el ecumenismo, que enfatiza la unidad entre las diferentes denominaciones protestantes, así como con el catolicismo. Unirnos a pesar de nuestras diferencias suena noble, pero la idea de que está bien que uno mantenga un punto de vista mientras alguien más sostiene otro, dependerá del tema en cuestión.

Los cristianos podemos estar en desacuerdo —y de hecho lo estamos— en cosas como el bautismo (inmersión versus aspersión) y si algunos dones espirituales todavía son válidos en la iglesia de hoy. Pero no somos libres de estar en desacuerdo sobre los elementos esenciales que definen el cristianismo:

Toda la Biblia es inerrante (Salmos 119:160; 2 Pedro 1:21)

Hay un solo Dios (Isaías 43:10)

Dios es trino, como lo expresan el Padre, el Hijo y el Espíritu Santo (Mateo 28:19)

La salvación es necesaria debido al estado pecaminoso de la humanidad (Romanos 3:23)

La salvación viene solo por medio de Cristo (Hechos 4:12)

La salvación viene sin obras, solamente por gracia (Efesios 2:8-9)

Cristo es Dios (Juan 10:30)

Cristo murió, fue sepultado y resucitó (1 Corintios 15:3-5)

Cristo regresará físicamente a la Tierra en su segunda venida (Hechos 1:11; Apocalipsis 19:11-16)

No deberíamos estar en contra de las denominaciones de por sí, siempre que se aferren a las doctrinas bíblicas. El problema de una unión ecuménica es que obliga a los participantes a negarse a abrazar la totalidad de la Biblia y sus doctrinas esenciales.

Es posible que tu Biblia tenga el nombre Tyndale o Wycliffe en la portada, y es posible que no seas consciente del significado de eso. Todavía en el siglo XVII, el pensamiento predominante era que solo el clero o los sacerdotes podían leer la Biblia. Pero William Tyndale, John Wycliffe y otros como ellos creían que la gente común debía tener su propia Biblia. Dedicaron sus vidas —algunos hasta la muerte— para garantizar ese derecho. En lugar de que un sacerdote o una figura religiosa leyera pasajes seleccionados y le dijera a la gente qué creer, ellos querían que todos leyeran las Escrituras por sí mismos.

¿Por qué llamo la atención sobre esto? Hay una historia detrás del hecho de que hoy tengas tu propia copia de la Palabra de Dios. Haz uso de tu Biblia y tómate el tiempo para entender lo que dice. A menos que leas libros como Romanos y Hebreos de principio a fin, no reconocerás las similitudes y diferencias entre las denominaciones protestantes.

Tampoco comprenderás las importantes diferencias doctrinales entre el protestantismo y el catolicismo, por no hablar de las aberrantes sectas "cristianas".

Quizás el llamado más audible a la unidad provenga del mundo. En todas partes la gente está pidiendo que todos los grupos religiosos, tanto cristianos como no cristianos, se unan. El movimiento ecuménico se ha globalizado en su búsqueda de la unidad entre todas las religiones. Parece como si cada nueva crisis o catástrofe viniera acompañada de otra ronda de gritos para que las religiones se unifiquen. Si uno cree en los comunicados de prensa actuales, la unidad ecuménica es una búsqueda que vale la pena y que resolvería muchos, si no todos, los problemas del mundo. Ese pensamiento no solo es delirante, sino que también es de origen demoníaco.

El deseo de unidad entre diferentes grupos religiosos es de larga data, como lo muestra un artículo de 2019 del Instituto de Paz de los Estados Unidos:

> La reciente estadía del papa Francisco en la Península Arábiga fue un poderoso avance simbólico para el diálogo interreligioso: la primera visita de un pontífice católico romano a la patria original de la fe islámica. Francisco se unió a eminentes clérigos musulmanes, judíos y otros cristianos en un llamado a la coexistencia comunitaria que tan desesperadamente necesita un mundo que sufre violencia y persecución por medio de las divisiones religiosas de la humanidad. Las imágenes conmovedoras de la visita incluyeron a cristianos y musulmanes juntos asistiendo a la primera misa papal en la península. Sin embargo, este poderoso simbolismo tendrá un impacto real solo si nos inspira a todos a tomar medidas concretas, en particular por parte de los gobiernos, las instituciones educativas y las organizaciones religiosas.[1]

¿Notaste cómo el escritor usó frases como "imágenes conmovedoras" y "poderoso simbolismo" para jugar con las emociones de los lectores? El cuadro que pinta el artículo refuerza la idea de que es hora de que musulmanes, cristianos y judíos se unan. Un lector perspicaz debería preguntarse: "¿Es importante? ¿Dijo Dios que esto es lo que quiere? La respuesta a ambas es no. La siguiente pregunta debería ser: "¿Es posible?". No, según la Biblia. ¿Por qué, entonces, escuchamos el llamado a la unidad entre las tres religiones principales del mundo? Porque la humanidad lo considera necesario. Pero cuando escuchamos esas súplicas, tú y yo inmediatamente nos enfrentamos a una decisión. ¿Aceptaremos una teología basada en las emociones o nos apoyaremos en una teología bíblica?

Los llamados al ecumenismo tienden a girar en torno a cuestiones sociales con las que la gente se relaciona y apoya. La Iglesia católica es famosa por usar esta táctica para apoyar los esfuerzos hacia la unión ecuménica. El papa Francisco aprovechó la guerra de Rusia con Ucrania para llamar a la unidad antes de una reunión con el gran imán del islamismo sunita en Bahréin. Durante un viaje destinado a cerrar la brecha entre religiones, el papa advirtió que el mundo está al borde de un "delicado precipicio" azotado por "vientos de guerra".[2] Todos detestamos los horrores de la guerra, pero ¿puedes ver cómo, una vez más, se utiliza el lenguaje descriptivo para influir en la forma de pensar?

Esta táctica también estuvo detrás del llamativo titular de la publicación de noviembre de 2022 de *Watt's Up with That*: "Religión climática: el Monte Sinaí de Egipto recibirá los 'Diez Mandamientos de la justicia climática' durante la cumbre de la ONU: 'Ceremonias de arrepentimiento climático' interreligiosas". El mundo se preocupa por la paz y el cambio climático, lo que hace que estos llamamientos sean tentadores. Pero los creyentes deben ser conscientes del espíritu que acecha detrás de esta agenda.

El deseo de unidad religiosa también prevalece en nuestras comunidades. A lo largo de los años he recibido innumerables invitaciones para participar en reuniones ecuménicas locales. Me viene a la mente una en concreto. Me pidieron que participara en una discusión sobre cuándo regresaría Cristo. Rechacé la invitación y luego leí en el periódico local que asistían musulmanes, budistas, cristianos y mormones. Algunos de ellos dijeron que Cristo ya había venido. Otros dijeron que no, que primero debe pasar este otro acontecimiento. Curiosamente, la base para unirse fue la idea de que se supone que la creencia en el regreso del Mesías unificará a los miembros de diferentes religiones. ¿Cómo es posible la unidad cuando personas de diversos orígenes religiosos no pueden ponerse de acuerdo sobre algo tan básico?

El artículo continúa hablando sobre cómo debemos centrarnos en las creencias y puntos de vista que tenemos en común y dejar de lado todo aquello en lo que no estamos de acuerdo. Usted también ha oído expresar este sentimiento. Pero, francamente, las cuestiones en las que no estamos de acuerdo son frecuentemente las más importantes, porque son absolutas y significan la diferencia entre la adhesión a la verdad o el compromiso. ¿Te imaginas a Jesús apareciendo hoy en una conferencia ecuménica?

¿Qué pasaría si Él entrara y planteara la misma pregunta que les hizo a los discípulos: "Y ustedes, ¿quién dicen que soy yo?". Probablemente escucharías respuestas como: "Eres un Bodhisattva, un iluminado" o "Eres el hijo de José y María". Otro diría: "Eres descendiente de Adán". Y sin duda, alguien del grupo negaría la deidad de Jesús: "Crees que eres el Hijo de Dios, pero en realidad solo eres un hombre poderoso". ¿Qué harían estas personas con Jesús? Es difícil de saber. Algunos podrían exigir enérgicamente que Él se retracte de sus afirmaciones, pero es más probable que lo despojen de su deidad, nieguen todas las doctrinas esenciales sobre Él y lo acepten como un gurú. Y todo en nombre de la unidad.

POR QUÉ LA UNIDAD NO ES POSIBLE
Tienes una nueva familia

No es solo lo que los cristianos creen lo que descarta la posibilidad de unirse con otras religiones, sino también lo que ellos tienen y los demás no. 1 Juan 4:4 dice: "Ustedes, queridos hijos, son de Dios y han vencido a esos falsos profetas, porque el que está en ustedes es más poderoso que el que está en el mundo".

"Ustedes son de Dios": esas cuatro palabras lo dicen todo. En primer lugar, esta declaración implica que ha ocurrido un nacimiento. El significado principal de la palabra griega *ek*, traducida como 'de' en la Biblia, es 'fuera de'. Se refiere a un objeto que estaba dentro de otro y ahora está separado de él, como un niño al nacer. Un niño se origina en el útero de su madre. Habita allí a medida que crece hasta el día en que viene al mundo. Asimismo, nuestra vida espiritual se originó en Dios. Hubo un día en que no eras de Dios, pero cuando oíste la verdad, ¡esa verdad te hizo libre! Naciste de nuevo y entraste en una relación íntima como su hijo.

La realidad de ser "de Dios" es que has nacido a una nueva familia. Tienes una nueva relación con Dios Padre y tienes muchos nuevos hermanos y hermanas. He descubierto en mi vida (tal vez tú también lo hayas notado) que estas relaciones a menudo van más allá de cualquier experiencia que podamos vivir en nuestras familias naturales. La familia espiritual de la que ahora formamos parte tú y yo es poderosa y trasciende cualquier linaje de este mundo. Habrás oído el dicho: "La sangre es más espesa que el agua" y, científicamente, es verdad. La sangre tiene una mayor viscosidad que el agua. Pero si la sangre es más espesa que el agua, entonces el Espíritu es más espeso que la sangre.

En 1 Juan 4:4 leemos: "Ustedes, queridos hijos, son de Dios y han vencido a esos falsos profetas, porque el que está en ustedes es más poderoso que el que está en el mundo". "El que... es más poderoso" es una referencia al Espíritu Santo que habita dentro de ti. Debido a que ahora eres parte de la familia de Dios, el Padre ha cumplido la promesa del Hijo de que enviaría al Espíritu Santo para vivir en ti.

> Y yo pediré al Padre y él les dará otro Consolador para que los acompañe siempre: el Espíritu de verdad, a quien el mundo no puede aceptar porque no lo ve ni lo conoce. Pero ustedes sí lo conocen, porque vive con ustedes y estará en ustedes. No los voy a dejar huérfanos; volveré a ustedes (Juan 14:16-18).

> Pero digo la verdad: les conviene que me vaya porque, si no lo hago, el Consolador no vendrá a ustedes; en cambio, si me voy, se lo enviaré (Juan 16:7).

> Pero cuando venga el Espíritu de la verdad, él los guiará a toda la verdad, porque no hablará por su propia cuenta, sino que dirá solo lo que oiga y les anunciará las cosas por venir (Juan 16:13).

Ahora, cuando se te presenten oportunidades de unirte a grupos religiosos u organizaciones mundanas, el Espíritu de la Verdad te advertirá qué no lo hagas. Es como si Dios hubiera colocado un "discerní-metro" dentro de sus hijos. Le mencioné ese término una vez a mi congregación y se rieron, pero es verdad.

Como miembros de una familia espiritual nos unimos en torno a la Palabra de Dios. Sus verdades dictan nuestro pensamiento, nuestras palabras y cómo nos relacionamos con quienes no pertenecen a la familia de Dios. Se supone que no debemos andar por ahí diciendo que esta persona es de Dios y la otra no; esa verdad eventualmente se manifestará. ¿Cómo es eso? La declaración "Tú eres de Dios" significa que confiesas lo que la gente de otras religiones no hace: Jesucristo es Dios revelado en carne humana. Quienes pertenecen a cultos paganos y otras religiones no pueden hacer esa declaración de fe.

Uno de los esquemas diabólicos que hay detrás de los intentos por unir a personas de credos diferentes es lograr que los cristianos pasen por alto el hecho de que otros no sostienen la deidad de Jesús. Tal vez hayas escuchado a alguien llamar a Jesús Señor, pero debido a su doctrina, no creen en Él para la salvación. La primera carta de Corintios 12:3 dice que es imposible que esa persona le llame Señor: "Nadie que esté hablando por el Espíritu de Dios puede maldecir a Jesús; ni nadie puede decir: 'Jesús es el Señor' sino por el Espíritu Santo". No puedes tener el Espíritu Santo en tu vida a menos que hayas nacido de nuevo y hayas sido traído a la familia de Dios (ver Romanos 8:14).

Un cristiano dice que Jesús es el Señor porque esa es una doctrina central de su fe. Dios está involucrado en todo lo que hace durante la semana, no solo el domingo (ver Colosenses 3:17). Si eres de Dios, Él es el originador y la fuente de tu vitalidad espiritual. Vives tu vida en Él y por Él, como dice Gálatas 2:20: "He sido crucificado con Cristo, y ya no vivo yo, sino que Cristo vive en mí. Lo que ahora vivo en el cuerpo, lo vivo por la fe en el Hijo de Dios, quien me amó y dio su vida por mí". Es alucinante darse cuenta de que Jesús quiere vivir su vida en nosotros y a través de nosotros. También es una verdad reveladora que debería hacernos más cautelosos con respecto a con quién unimos las armas. Es fácil enganchar una carreta a algo; lo difícil es desengancharla.

Ahora bien, como miembros de esta familia espiritual, existe la gran división entre nosotros y el "esos" de 1 Juan 4:4. La palabra griega traducida como "esos" en ese versículo es gráfica. Quiere decir los de un viento desconcertante o extraño. Implica que su doctrina tiene un origen sencillo: su forma de pensar es torcida. La negativa del cristiano a aceptar doctrinas extrañas, ya sea de aquellos que dicen ser cristianos o de quienes están completamente fuera del cristianismo, hace que la unidad sea imposible. De hecho, lo contrario es cierto: ese desacuerdo crea división y, a menudo, lleva a otros a expresar animosidad hacia nosotros.

A nadie le gusta que los demás no lo quieran, y que lo odien se siente incluso peor. Sin embargo, Jesús dijo que eso es lo que debemos esperar cuando lo seguimos a Él. El mundo aborreció a Jesús porque testificó que sus obras eran malas, lo que significa que nosotros también seremos odiados. "Si el mundo los aborrece, tengan presente que antes que a ustedes me aborreció a mí. Si fueran del mundo, el mundo los amaría como a los suyos. Pero ustedes no son del mundo, sino que yo los he escogido de entre el mundo. Por eso el mundo los aborrece" (Juan 15:18-19).

Existe una brecha innegable entre los que son del mundo y los que son de Dios. El mundo ama a los suyos, y también te amaría a ti si fueras como ellos, pero te odian porque no pueden soportar lo que representas. No pueden soportar que adoptes una visión literal de la Biblia o que no estés de acuerdo con su inmoralidad. Serás etiquetado. Serás excluido. O, como hemos visto en los últimos años, te demandarán, te llevarán ante los tribunales y te obligarán a defenderte.

Quizás te preguntes qué tiene esto que ver con la unidad. Tiene todo que ver con ello. Dios te eligió del mundo para ser diferente. "Ustedes son la luz del mundo. Una ciudad en lo alto de una montaña no puede esconderse" (Mateo 5:14). ¡Qué recordatorio tan poderoso! La luz es un símbolo de pureza y verdad, en contraposición al error o la ignorancia. Las ciudades antiguas eran conocidas a menudo como fuentes de luz. Muchos de sus edificios fueron construidos con piedra caliza blanca que resplandecía bajo el sol y, al anochecer, sus ventanas brillaban desde dentro. Durante el día o la noche más oscura, no podía faltar su luz. De la misma manera, Dios "los llamó de las tinieblas a su luz admirable" (1 Pedro 2:9). Como seguidor de Cristo, debes brillar, no mezclarte con las sombras.

Tienes una naturaleza diferente

Para los creyentes, el llamado a la unidad ecuménica debería caer en oídos sordos por esta razón: la Biblia lo prohíbe estrictamente. "No se unan con los incrédulos en un yugo desigual" (2 Corintios 6:14, RVC).

'Unirse en yugo' es una expresión que no se escucha a menudo en ningún lado excepto en el tercer mundo. En los tiempos bíblicos era un trabajo necesario. Siempre que era preciso arar un campo, un granjero acudía a un carpintero para que le tomara la medida a la pareja de bueyes. El carpintero tallaba a medida uno de madera que los unía. Un buen yugo encajaría perfectamente y garantizaría que los bueyes pudieran caminar cómodamente uno al lado del otro mientras trabajaban. Un yugo bien colocado le permitía al granjero hacer bien el trabajo.

Hoy Jesús dice: "Carguen con mi yugo" (Mateo 11:29). Cuando tenemos colocado el yugo de Cristo sobre nosotros, es más fácil caminar junto a otros creyentes y trabajar con ellos para hacer avanzar su reino. Lo contrario ocurre cuando intentas unir a personas de dos naturalezas diferentes: no puedes esperar que funcione.

Recuerdo haber leído sobre un pastor que no podía creer lo que veía mientras observaba a dos animales diferentes intentar arar un campo. Un granjero del Medio Oriente había unido un burro a un camello. El camello avanzaba pesadamente sobre sus largas patas como si estuviera de vacaciones, mientras el burro luchaba por seguirle el ritmo. A veces el burro tropezaba, lo que enojaba al granjero, que entonces golpeaba a la pobre bestia. Fue una visión horrible. Los burros no están hechos para arar junto con camellos. Bueyes con bueyes, asnos con asnos, incluso caballos y mulos unidos con los de su propia especie funcionarán. Sin embargo, los desajustes invitan al desastre. Lo que es obvio en el reino animal se traduce perfectamente en el reino espiritual.

Para fortalecer su argumento en contra del yugo desigual, Pablo hace una serie de preguntas retóricas que llegan a la misma conclusión firme. Veámoslas:

No formen alianza con los incrédulos. ¿Qué tienen en común la justicia y la maldad? ¿O qué comunión puede tener la luz con la oscuridad? ¿Qué armonía tiene Cristo con Belial? ¿Qué tiene

en común un creyente con un incrédulo? ¿En qué concuerdan
el templo de Dios y los ídolos? (2 Corintios 6:14-16).

¿Pueden la justicia y la iniquidad, o la luz y las tinieblas, tener compañerismo y comunión? Si estuviéramos en una clase de razonamiento lógico, determinaríamos que estas son fuerzas opuestas, al igual que
la carne y el espíritu están en desacuerdo entre sí. Espiritualmente uno
es terrenal y está pereciendo; el otro es celestial y eterno. Unirse a los
incrédulos es peligroso y diluirá nuestra devoción a Cristo. Entonces,
la respuesta a la pregunta de Pablo es no.

Nota que Pablo pregunta: "¿Qué armonía tiene Cristo con Belial?
¿Qué tiene en común un creyente con un incrédulo?". La palabra
'armonía' se traduce del término griego que significa 'sinfonía'. Piénsalo: Pablo asocia a un incrédulo con Belial o Satanás. ¿Qué clase de
armonía podría tener Cristo con Satanás? La respuesta es ninguna. La
música del diablo suena más a una cacofonía que a la belleza armonio-
sa de una sinfonía.

La última pregunta de Pablo es: "¿En qué concuerdan el templo de Dios y los ídolos?". Estar de acuerdo en este sentido es estar
en el mismo equipo o en la misma empresa. Quiero enfatizar que el
mandamiento de no unirnos en yugo desigual no tiene nada que ver
con actividades donde estamos llamados a ser luz. Algunas situaciones requieren que los cristianos interactúen con los no creyentes. Por
ejemplo, ¿trabajas para un jefe incrédulo o eres un empleador y tienes
empleados incrédulos? Estás trabajando en la misma dirección por una
causa común y, en ese sentido, tú y la parte incrédula están unidos a
la visión de la empresa. ¿Qué tal los equipos deportivos? Creo que es
maravilloso ver a los cristianos jugar junto a los no cristianos y ejerci-
tar los talentos que Dios les dio.

Si bien hay situaciones en las que unirse en yugo con incrédulos es
necesario o te permite ser un buen testimonio, hay otros (noviazgo y

matrimonio, adoración y cuestiones de fe) en los que se debe evitar el yugo. La Biblia dice no a las relaciones con incrédulos cuando se trata de asociarse a nivel espiritual.

Es imposible tener verdadero compañerismo, comunión, sociedad o acuerdo entre creyentes y no creyentes. ¿Por qué? Porque aquellos que tienen dos naturalezas, metas, pasiones, visiones y destinos separados siempre estarán en conflicto entre sí. También creo que deberíamos hacer todo lo posible para evitar sociedades comerciales e inversiones con no creyentes por esas mismas razones.

Pablo concluye con una declaración teológicamente poderosa en el versículo 16: "Nosotros somos templo del Dios viviente". Junto a ese versículo, debes poner un pequeño asterisco y escribir "la iglesia local". Cuando una iglesia hace concesiones, se convierte en un templo contaminado y está en grave peligro.

> La verdadera unidad proviene del acuerdo con base en la verdad.

Pero no creas que esto se aplica solo a la congregación donde adoras. Mira atentamente lo que dice Pablo: "nosotros somos". Las grandes catedrales y las hermosas iglesias son impresionantes, pero Dios no habita en edificios hechos con manos humanas. Un edificio, por bonito que sea, es solo un edificio. *Tú* eres el templo del Dios vivo. Yo también lo soy. Este hecho solo debería ayudarte a comprender la falacia de intentar unirse con aquellos que no están conectados con el Dios vivo y verdadero.

Si tu vecino o compañero de trabajo te invita a participar en una reunión de oración interreligiosa, podrías sentirte tentado a pensar: *¿Qué hay de malo? No importa si están rezando a diferentes dioses. Yo les rezaré a los míos.* ¡La Biblia dice que no nos atrevamos a estar en yugo desigual! Si quieres jugar algún juego con ellos, entonces ve y diviértete, pero no te dediques a actividades espirituales conjuntas. Efesios 2:1-2 explica por qué: "En otro tiempo ustedes estaban muertos en sus transgresiones y pecados, en los cuales andaban conforme a los poderes de este mundo. Se conducían según el que gobierna los aires, según el espíritu que ahora ejerce su poder en los que viven en la desobediencia".

¿Puedes ver la división entre los vivos y los muertos? La Biblia no define a los no cristianos como simplemente enfermos; ¡dice que están muertos! ¿Es físicamente posible que los muertos tengan comunión con los que están vivos y sanos? Por supuesto que no, y tampoco pueden tenerla espiritualmente.

También hay una clara línea divisoria entre los hijos de Dios y los hijos de la desobediencia. Los hijos de Dios tienden a ir hacia la verdad porque el Espíritu Santo habita en ellos. Por el contrario, los hijos de Satanás no, porque están influenciados por el espíritu del error. ¿Dónde es posible la unidad? En ninguna parte.

Si crees que Jesús fue neutral en este tema, escucha lo que le dijo a un grupo de personas religiosas: "Si Dios fuera su Padre —contestó Jesús—, ustedes me amarían, porque yo he venido de Dios y aquí me tienen. No he venido por mi propia cuenta, sino que él me envió. ¿Por qué no entienden mi modo de hablar? Porque no pueden aceptar mi palabra. Ustedes son de su padre, el diablo, cuyos deseos quieren cumplir. Desde el principio este ha sido un asesino, y no se mantiene en la verdad, porque no hay verdad en él. Cuando miente, expresa su propia naturaleza, porque es un mentiroso. ¡Es el padre de la mentira!" (Juan 8:42-44). Estoy seguro de que muchos en el grupo estaban furiosos. ¡Qué indignante! ¡Qué insulto! Sin embargo, ¿no eran estos hombres de una mentalidad religiosa diferente? Jesús dejó en claro que no existía unidad entre Él y ellos.

DOS IDENTIDADES, UNA CONCLUSIÓN

Es posible que sientas resistencia a algo de lo que has leído hasta este momento. Es comprensible que te sientas incómodo por diversas razones, pero para los nacidos de Dios, la verdadera unidad surge del acuerdo sobre la verdad. Para que todo esto sea lo más sencillo posible, he comparado las identidades de los creyentes con las de los incrédulos. Mientras revisas las listas a continuación, quiero que llegues a tu propia conclusión respondiendo esta pregunta: ¿en qué punto existe una fuente de unidad entre creyentes y no creyentes?

CREYENTES	NO CREYENTES
Son de los hermanos	Son del mundo
Son de Dios	Son del diablo
Confiesan a Jesús como Señor	No confiesan a Jesús como Señor
Son nacidos de nuevo	Son hijos de Satanás
Son hijos e hijas de Dios	Son hijos de desobediencia
Se centran en la Biblia	Sostienen doctrinas extrañas y confusas
Cristo vive en y a través de ellos	No tienen a Cristo en ellos
Están llenos del Espíritu de Verdad	Están poseídos por el espíritu de error
El mundo los aborrece	El mundo los ama
Creen y defienden la verdad	Odian lo que tú crees y defiendes
Caminan en luz	Caminan en oscuridad
Son justos	Son impíos
Son templos del Dios viviente	Son adoradores de ídolos
Están vivos espiritualmente	Están muertos en delitos y pecados

La iglesia tiene que dejar de mezclarse con las cosas de este mundo. Por más que trate, los intentos de la iglesia por lograr la unidad ecuménica no producen más que un compromiso turbio. Imagínate poner aceite y agua en una licuadora y presionar el botón de mezclar. Los dos parecen fusionarse, pero una vez que la licuadora se detiene, el líquido se vuelve a separar. Los ingredientes recuperan su estado natural y está claro que no se mezclan.

En Apocalipsis 2:20, dirigiéndose a la iglesia de Tiatira, Jesús reprendió fuertemente a los que estaban poniendo en riesgo la verdad: "Sin embargo, tengo en tu contra que toleras a Jezabel, esa mujer que dice ser profetisa. Con su enseñanza engaña a mis siervos, pues los induce a cometer inmoralidades sexuales y a comer alimentos sacrificados a los ídolos". La transigencia corrompió a la iglesia, pero todavía un remanente había permanecido fiel a Cristo. A ellos, Jesús les dijo: "Eso sí, retengan con firmeza lo que ya tienen, hasta que yo venga" (vs. 25).

Pablo animó a Timoteo de manera similar cuando dijo: "Con fe y amor en Cristo Jesús, sigue el ejemplo de la sana doctrina que de mí aprendiste. Con el poder del Espíritu Santo que vive en nosotros, cuida la buena enseñanza que se te ha confiado" (2 Timoteo 1:13-14). La exhortación a aferrarnos es un llamado de atención para asirnos tenazmente a palabras de verdad saludables y vivificantes sin ningún tipo de concesiones.

> El amor ágape es el amor único, sacrificial y abnegado de Dios por la humanidad, el mismo amor que debemos mostrar unos a otros.

Timoteo enfrentó a falsos maestros dentro de la iglesia y la persecución desde afuera, mientras que, al mismo tiempo, Pablo estaba encerrado en una prisión llena de aguas residuales y ratas. Hacer concesiones les habría facilitado la vida y probablemente tuvieron la tentación de ceder, pero ambos se mantuvieron firmes.

HACER REALIDAD LA VERDADERA UNIDAD CRISTIANA

Quiero volver a cerrar el círculo del tema de la unidad donde comenzamos: la unidad entre los hermanos. Aquí está el diseño de Dios para promover y proteger la unidad dentro del cuerpo de Cristo:

Por eso yo, que estoy preso por la causa del Señor, les ruego que vivan de una manera digna del llamamiento que han recibido, siempre humildes y amables, pacientes, tolerantes unos con otros en amor. Esfuércense por mantener la unidad del Espíritu mediante el vínculo de la paz. Hay un solo cuerpo y un solo Espíritu, así como también fueron llamados a una sola esperanza; un solo Señor, una sola fe, un solo bautismo; un solo Dios y Padre de todos, que está sobre todos y por medio de todos y en todos (Efesios 4:1-6).

En este pasaje, la pieza central de la unidad son las tres personas de la Trinidad: un solo Padre, un solo Señor y un solo Espíritu. Esta es una clase de unidad exclusiva en la que el mundo no participa ni puede participar, pero nosotros sí podemos. ¡Qué honor y privilegio tenemos!

Dios nos llamó a ti y a mí a la salvación y a la unión de un solo cuerpo, su Cuerpo. Ahora bien, es nuestra responsabilidad expresar la realidad de esa unión con humildad, amabilidad, gran paciencia unos para con los otros y soportándonos unos a otros en amor. Ejercer esas actitudes cristianas significa que haremos cosas como ser considerados, negarnos a tomar venganza por los errores y tolerar las idiosincrasias de los demás.

Pero la unidad cristiana va aún más allá. Efesios 4:16 dice que debemos trabajar juntos unos con otros: "Por su acción todo el cuerpo crece y se edifica en amor, sostenido y ajustado por todos los ligamentos, según la actividad propia de cada miembro".

Cuando los creyentes, independientemente de su origen étnico o modo de vida, trabajan juntos bajo el señorío de Cristo, todos se benefician. Pero la unidad no comienza ni termina simplemente trabajando juntos. Además del ejercicio práctico de nuestra fe, la cualidad que distingue a la unidad cristiana es el amor ágape. Ágape es el amor único, sacrificial y abnegado de Dios por la humanidad: el mismo amor que debemos mostrarnos unos a otros. Jesús dijo: "De este modo todos sabrán que son mis discípulos, si se aman los unos a los otros" (Juan 13:35). Esta es la unidad que glorifica a Dios, la que nosotros, los hermanos, debemos buscar.

El mundo pagano profesa muchos dioses y muchos señores, pero la lealtad del creyente pertenece a Uno solo. Efesios 4:5 deja claro que, como creyentes, compartimos "una fe", pero no nos equivoquemos: la fe debe ser personal antes de que pueda volverse práctica. ¿Puedes decir hoy que estás totalmente comprometido con una fe que descansa única y totalmente en las verdades bíblicas acerca del Señor resucitado, Jesucristo? Ruego que así sea, porque solo Cristo es la piedra angular de la verdadera unidad cristiana.

CAPÍTULO 8

DESLUMBRADOS POR EL ENGAÑO DE LA NUEVA TOLERANCIA

La cultura actual cree que la tolerancia supera a la verdad. En otra época probablemente dirías: "No es posible", porque esas dos virtudes van de la mano. Lamentablemente, la gente ya no piensa así. Como muchas otras palabras comunes en nuestro léxico, 'tolerante' y 'tolerancia' se han convertido en víctimas de una redefinición en manos de los revisionistas. La nueva tolerancia se ha vuelto un arma en la guerra contra la verdad.

La tolerancia es una virtud maravillosa, pero la palabra ya no se usa de la misma manera que hace cuarenta o cincuenta años. Digo esto porque siempre que quiero entender el verdadero significado de una palabra, recurro a mi versión de 1828 del diccionario Webster. En 1806, Noah Webster publicó inicialmente *A Compendious Dictionary of the English Language* [en inglés], el primer diccionario verdaderamente estadounidense. Pero inmediatamente después de su publicación, Webster se puso a trabajar en otro. En 1828 salió el *Diccionario*

Americano de la Lengua Inglesa. Webster aprendió veintiséis idiomas además del inglés para ayudarlo en su investigación de los orígenes y significados de las palabras en inglés. Creo que las definiciones de *tolerancia* y *tolerar* superan con crecen a las que nos imponen a la fuerza:

> *Tolerancia*: El poder o capacidad de aguantar; o el acto de aguantar.

> *Tolerar*: Sufrir para ser o que sea hecho algo sin prohibición ni obstáculo; permitir negativamente, al no impedir; no restringir; como, *tolerar* opiniones o prácticas.

> "La ley del amor no tolera ningún vicio y patrocina todas las virtudes" (G. Spring).

Estas definiciones nos dicen que debemos sufrir o soportar las creencias de otra persona incluso si no estamos de acuerdo con ellas. También quiero señalar la reveladora nota al margen de Webster que sigue a la definición de 'tolerancia'. Dice: "Poco usado. Pero la intolerancia es de uso común". ¿No es eso un indicativo de cómo está nuestro mundo? Cuando la gente nos dice: "Deben ser tolerantes", tenemos que preguntarnos: "¿Qué están diciendo y por qué lo dicen?". Esto me recuerda la escena de la película *El mago de Oz*, donde Dorothy mira a su alrededor y luego dice: "Ya no estamos en Kansas". El uso contemporáneo de la palabra *intolerante* en favor de la definición clásica de 'tolerante' ha dejado a muchos sintiéndose como Dorothy y preguntándose: *¿Qué pasó?*

La tolerancia es una virtud que extendemos hacia alguien con quien no estamos de acuerdo. Permitimos que se presente su punto de vista. No nos quejamos, ni protestamos, ni hacemos piquetes ni negamos su derecho a dar un punto de vista opuesto al nuestro. Verás, hay momentos en los que no estamos de acuerdo con los demás y nos corresponde a nosotros, como semejantes, tratarnos con tolerancia unos a otros. Por ejemplo, yo soy un poco hiperactivo y, naturalmente, voy y vengo entre varias tareas y actividades a lo largo del día. Ahora bien, para alguien que es tranquilo y ordenado, eso puede resultar irritante. Y está bien. No espero que ellos adopten o siquiera estén de acuerdo con mi metodología, pero como muestra de civismo y tolerancia, espero que la soporten.

Despojar a la palabra 'tolerancia' de su significado original ha abierto la posibilidad de que cada uno la interprete como mejor le parezca. Es muy parecido a que alguien entrara a la fábrica de Mercedes-Benz en Stuttgart, Alemania, y dijera: "Me llevaré uno de esos guardabarros, este tipo de faro y ese techo. Realmente me gustan las luces traseras que usaste hace una década y, oh, no quiero el chasis que elegiste, así que sustitúyelo por este otro. Sé que el auto tendrá un aspecto extraño cuando hayas terminado, pero eso me sienta muy bien". Los ingenieros de Mercedes te sacarían corriendo, porque se dedican a construir según las especificaciones precisas de un coche. Sin atención a los detalles, terminarían en un lío caótico: precisamente lo que le ha sucedido al significado de 'tolerancia'.

Los cristianos deben ejercer una gran sabiduría al abordar el comportamiento intolerante del mundo, disfrazado de virtud. De lo contrario, este peligroso engaño neutralizará y destruirá al cuerpo de Jesucristo.

LA NUEVA TOLERANCIA DECIDE LO QUE SE TOLERA

En Estados Unidos, algunos han confundido nuestros derechos de la Primera Enmienda con la intolerancia, convirtiéndolos en cuestiones políticas y sociales volátiles. Sí, la redefinición de la 'tolerancia' ha ejercido su influencia en esas áreas, pero igualmente preocupantes son los propios políticos, que están intentando llevar este significado revisado de lo secular a lo sagrado. Hemos observado con incredulidad cómo los líderes en Washington DC han tratado de prohibir la evangelización porque sentían que alimentaba y avivaba las pasiones religiosas. Por supuesto que sí, pero ¿está mal la pasión religiosa? Sin embargo, hoy en día, si un cristiano le dice a alguien: "No estoy de acuerdo con tu creencia", se puede etiquetar este acto como un crimen de odio. No tiene sentido que nada más expresar "Jesús te ama y quiere que vayas al cielo" pueda calificarse como discurso de odio.

Como resultado final de la tolerancia tal como se ha definido recientemente, se debilita y diluye la fuerza de la iglesia, se transforma en una sociedad más y elimina su singularidad en el mundo.

La fuerza de la iglesia es el poder del evangelio. Cuando un misionero cristiano sale al campo de la misión, ¿sabes lo que hace? Consigue un trabajo. Trabaja junto a los nativos de ese país como un obrero metalúrgico, estibador, maestro, comerciante, etc. Los misioneros hacen amigos y los aman como Cristo quiere que lo hagan, lo que naturalmente construye puentes para compartir el evangelio. Inevitablemente, las vidas cambian de manera radical y las almas se salvan. Esto nos parece razonable a ti y a mí, pero el mundo secular no lo ve así. Y creo que su punto de vista es intelectualmente deshonesto e hipócrita.

Nuestra cultura exige tolerancia, pero en el momento en que se descubre que eres cristiano, esa misma cultura de repente se vuelve intolerante. A los creyentes se les dice: "Tus opiniones son hirientes y odiosas, y debes guardártelas para ti mismo". Si compartes las buenas nuevas del evangelio porque te preocupas por alguien y quieres que experimente el perdón de sus pecados, te dicen: "Le estás haciendo daño". ¿Sería mejor darles una palmadita en la espalda y dejarlos ir directamente al infierno? La respuesta es no, pero eso es lo que quiere el diablo.

Al igual que muchos otros, me pregunto cómo hemos llegado a este punto. ¿Nos hemos vuelto tan inmaduros que yo, como seguidor de Cristo, no puedo hablar con un amigo musulmán sobre religión, y viceversa? ¿El conocimiento de que tenemos marcadas diferencias significa que no podemos salir a comer tacos juntos y hablar sobre las cosas de la vida? ¿Cómo nos hemos vuelto tan superficiales?

Si una persona quiere creer de cierta manera y practicar esa creencia dentro de los límites de nuestras leyes, tiene la libertad de hacerlo. Respetaré su decisión y tú también deberías hacerlo. ¿Pero estaré de acuerdo con ellos? No. No tengo que estar de acuerdo con ellos del mismo modo que ellos no tienen que estar de acuerdo conmigo. Podemos aceptar amigablemente el no estar de acuerdo: esto es verdadera tolerancia. Lamentablemente, según la nueva definición de 'tolerancia', no funciona así.

En la cultura actual, las personas tienen derecho a expresar sus puntos de vista, y todos los demás deben respetarlos, es decir, hasta que quieres hablar de Jesucristo... Menciona a Jesús y de repente te tildan de intolerante porque dices: "Jesús es el camino, la verdad y la vida" (ver Juan 14:6). ¿Qué tal inclinar la cabeza y orar en el nombre de Jesús? Esto también es ofensivo y genera divisiones y debe cesar.

Hace varios años, en una reunión local del Día Nacional de Oración, nuestra alcaldesa se detuvo en el frente del ayuntamiento y leyó un poema de amplia circulación titulado "La oración de la nueva escuela". Sus orígenes son indocumentados, pero se atribuye a un estudiante anónimo. Creo que vale la pena repetirlo, porque los niños suelen estar más dispuestos a hablar que los adultos.

> Ahora me siento en la escuela
> donde orar es contra la regla
> porque esta gran nación bajo Dios
> encuentra muy extraña su mención.
> Si ahora la clase recita las Escrituras,
> está violando la Declaración de Derechos.
> Y cada vez que inclino mi cabeza

se convierte ahora en un asunto federal.
Nuestro cabello puede ser fucsia, naranja o verde,
eso no es ofensivo: es una escena de libertad.
La ley es específica, la ley es precisa.
Las oraciones pronunciadas en voz alta son un delito grave.
Por orar en un lugar público
podría ofender a alguien que no tiene fe alguna.
Solo en silencio debemos meditar,
el nombre de Dios está prohibido por el Estado.
Se nos permite insultar y vestirnos como monstruos
y perforarnos la nariz, la lengua y las mejillas.
Han prohibido las armas, pero PRIMERO prohibieron la Biblia.
Citar el Buen Libro me hace responsable.
Podemos elegir a una Reina embarazada
y al padre soltero como nuestro Rey,
Pero es "inapropiado" enseñar el bien y el mal.
Se nos enseña que tales "juicios" no corresponden.
Podemos conseguir nuestros condones y anticonceptivos,
estudiar brujería, vampiros y tótems,
pero los Diez Mandamientos no están permitidos.
Ninguna Palabra de Dios debe llegar a esta multitud.
Me da miedo estar aquí, debo confesar.

Cuando reina el caos, la escuela es un desastre.
Por eso, Señor, hago esta súplica silenciosa:
¿Podrían dispararme? ¡De ser así, por favor, recibe mi alma!
Amén

Luego de su lectura, la alcaldesa hizo este comentario: "No es fácil estar en el cargo de alcaldesa y decir estas cosas, pero las voy a seguir diciendo". ¡Oh, que Dios levante un ejército espiritual con su valentía!

LA NUEVA TOLERANCIA DESECHA LOS ABSOLUTOS

He oído decir que la gente hará cualquier cosa cuando crea que Dios está muerto. La condición de nuestra cultura prueba la validez de esa afirmación. El bien y el mal son ahora subjetivos y están abiertos a interpretación. Pecados como la ira, la violencia, la fornicación, el adulterio, la mentira, la borrachera y el robo ahora son ampliamente tolerados y justificados. Pero si los perpetradores son atrapados o expuestos, su razonamiento tiende a seguir una de estas líneas:

- Debes aceptarme incondicionalmente: esto es exactamente lo que soy.
- No puedo evitarlo. Mi comportamiento no es culpa mía; sabes, tengo una enfermedad.
- Disfruto lo que hago y no veo ningún daño en ello.
- No necesito cumplir con tus reglas porque yo no las hice, y no reconozco al Dios que tú dices que creó esas reglas.

Si aceptas ese tipo de excusas, es lógico que no puedas criticar o castigar a un grafitero que fue sorprendido pintando con aerosol tu cerca o el frente de tu casa varias veces. El hacer garabatos podría justificarse como libertad de expresión, aunque esté destrozando la propiedad privada.

¿O qué tal perturbar la paz? Vivo cerca de un cinturón verde con un pequeño arroyo, árboles por todas partes y un sendero para caminar. En la entrada hay un cartel que dice: "Según la ordenanza de la ciudad de Chino Hills, no se permite decir malas palabras". La cláusula es simple y está destinada a que ese lugar sea agradable para todos. Sin embargo, he visto a adolescentes pasar, señalar el letrero y soltar insultos intencionalmente. Quiero decirles: "Espera, ¿no sabes leer?". A veces tengo mis dudas. En esta era de tolerancia redefinida, decir grandes palabrotas se atribuye a un desafío en materia de alfabetización o, en el caso de los adolescentes, a que son solo niños. No importa que estén arruinando la experiencia de todos los demás.

Se podría creer que hacer grafitis desenfrenadamente y perturbar la paz es algo insignificante y digno de tolerancia, pero este tipo de comportamientos prepara el escenario para futuros desórdenes. Cuando una sociedad tolera el mal comportamiento juvenil y luego surge algo más grande, no hay base de verdad sobre la cual apoyarse. Por eso, cuando un chico es asesinado a tiros por otro que quiere ser alguien importante en una pandilla, escuchas a un vecino decir: "No podemos responsabilizar a los chicos. Ellos no saben lo que están haciendo". El tirador también argumentaría: "Mi padre estaba ausente cuando yo era niño. Mi madre abusaba de mí y me descuidaba. No tengo a nadie. Tengo que hacer lo que sea mejor para mí, y ser parte de una familia de pandilleros tiene sentido para mí". Pero la Biblia dice que el tipo de lógica utilizada por el vecino y el tirador es engañosamente retorcida: "¡Ay de los que llaman a lo malo bueno y a lo bueno malo…!" (Isaías 5:20).

Vivimos en una sociedad empeñada en salirse con la suya, pero eso solo funciona cuando la gente reduce sus expectativas y valores. En Estados Unidos reforzamos estándares más bajos a través de leyes que toman a la ligera y a veces parecen hacer alarde del comportamiento pecaminoso. Pero no siempre fue así, y el edificio de la Corte Suprema de Estados Unidos lo demuestra. Tallado en el friso de mármol directamente encima de la silla del presidente del Tribunal Supremo está el legislador de Israel, Moisés. Sentado con una tabla en cada brazo con números romanos del I al X, Moisés es dos veces más grande que los otros legisladores representados. Los Diez Mandamientos también fueron grabados en las puertas de la sala del tribunal, en el marco de soporte de las puertas de bronce de la sala del tribunal y en la carpintería de madera de la biblioteca.

La Corte Suprema es solo uno de los muchos lugares de nuestra nación donde Dios y la Biblia son exaltados. Las innumerables esculturas, estatuas, fotografías, monumentos y documentos son más que

símbolos: son nuestra historia. Sin embargo, en nombre de la tolerancia, los cristianos se ven obligados a aceptar leyes y fallos judiciales que
violan los absolutos de las Sagradas Escrituras. Estados Unidos fue vista
durante mucho tiempo como una nación cristiana, pero en las últimas
décadas, a medida que los órganos de gobierno han seguido validando
la impiedad, el cristianismo ha llegado a ser visto como un sistema de
creencias aberrante que debe ser aplastado.

LA NUEVA TOLERANCIA MARCA LOS LÍMITES

"Permanecer dentro de nuestros límites prescritos" se está convirtien-
do rápidamente en el mantra de los secularistas. En mi estado natal de
California, dos iglesias —una en Sun Valley y la otra en San José— no
cerraron sus puertas debido a las restricciones del COVID-19 y fueron
demandadas por el Estado. Ambos casos llegaron a los tribunales, y tanto los pastores como sus congregaciones quedaron plenamente reivindi-
dicados y, finalmente, triunfaron sobre la intolerancia del Estado hacia
la libertad religiosa. Pero es un comentario triste que no hubiera más
iglesias dispuestas a levantarse y ejercer su derecho a permanecer abiertos y no dejar de reunirse (ver Hebreos 10:25).

La exigencia de un nuevo tipo de tolerancia está impulsada en parte por la corrección política, que creo que se ha filtrado y, en muchos
casos, infiltrado en la iglesia. Como ejemplo señalo mensajes amigables
y facilistas desde el púlpito que no sacuden ni condenan a nadie. Los
pastores se abstienen de decir ciertas palabras en sus sermones y en las
redes sociales por temor a represalias. Durante el ciclo electoral de 2022
me opuse a una propuesta de enmienda a la constitución del estado
de California que permitía el aborto sin restricciones desde la concepción hasta el parto. Cuando los censuradores me escucharon mencionar la propuesta desde el púlpito y publicarla en las redes sociales, me
enviaron a la cárcel de Instagram. Ojalá pudiera decir que los valores
bíblicos prevalecieron en las urnas, pero el miedo y la apatía ganaron…

Desde entonces, me han bloqueado y eliminado temporalmente de Facebook, y no estoy solo. A otros, que no nombraré, se les bajó de la plataforma y se les armó un escándalo porque no podían silenciarlos.

Ya sea que nos veamos obligados a cerrar o seamos presionados a permanecer en silencio, deberíamos preguntarnos: ¿es así como son la libertad y la tolerancia?

Los creyentes estadounidenses nunca han experimentado persecución religiosa en masa, pero si continuamos por este camino, algún día nos encontraremos silenciados por completo o algo peor. Sé que parece inconcebible que esto ocurra en un país basado en la libertad de expresión y religión. Aun así, si la historia global prueba algo, es esto: la persecución y el arresto de pastores y líderes de la iglesia seguirán y aumentarán.

¡La iglesia necesita despertar y ponerse de pie! La alternativa es unirse a las filas de creyentes en naciones totalitarias que reclaman el derecho de controlar a la persona en su totalidad, incluidas sus creencias. Esto nos deja pensando, pero hay un precedente bíblico.

En Hechos 5:28-29, leemos acerca de los discípulos predicando a Jesucristo en todas partes. Entonces llegó la jerarquía religiosa, que dijo:

> —Terminantemente les hemos prohibido enseñar en ese nombre. Sin embargo, ustedes han llenado a Jerusalén con sus enseñanzas, y se han propuesto echarnos la culpa a nosotros de la muerte de ese hombre.
>
> —¡Es necesario obedecer a Dios antes que a los hombres! —respondieron Pedro y los demás apóstoles—.

La declaración de Pedro vino directamente del Espíritu Santo y nos informó cómo debemos responder cuando una nación va mal y se aleja de Dios. Sí, debemos obedecer las leyes del país, como ordena el capítulo 13 de Romanos, hasta que esas leyes violen directamente la Palabra de Dios.

LA NUEVA TOLERANCIA NO ES AMAR

Algunos cristianos se aferran a la idea de que debemos discutir con aquellos que no están de acuerdo con nosotros, o luchar espiritualmente con la esperanza de que acepten nuestra forma de pensar. La tolerancia no funciona de esa manera. En lugar de luchar contra ellos, debemos preocuparnos por ellos, porque tenemos cuidado de su alma.

La Biblia dice: "Más confiable es el amigo que hiere que los abundantes besos del enemigo" (Proverbios 27:6). Teniendo esto en cuenta, ¿qué harías si sucediera lo siguiente? Ves a tu vecino sacando el coche de su garaje y marcharse. Entonces notas que un hombre va a la casa de este vecino y se queda un par de horas. En los días siguientes, este hombre continúa haciendo esas visitas. Una tarde tienes la oportunidad de hablar con ese señor y preguntarle: "Oye, ¿qué está pasando?". Él responde: "Oh, la señora Fulana de tal y yo estamos teniendo una pequeña aventura". ¿Qué le dices? Ten presente lo que dice Proverbios sobre la diferencia entre un amigo y un enemigo. Y recuerda que el enemigo de nuestras almas es el máximo engañador.

Lo más amoroso sería decir: "No querrás hacer eso. Dios dice que la persona que comete adulterio no irá al cielo. Piensa acerca de lo que estás haciendo. Como mínimo, su marido podría golpearte, incluso dispararte. Te amo lo suficiente como para decirte la verdad". Un enemigo pensaría: *En realidad no es asunto mío. Solo se está divirtiendo un poco. Tengo que ser tolerante.* ¿Pero puedes ver cuán dañina es esa manera engañosa de pensar? La misma persona que dice: "Si te parece bien, sigue adelante y haz lo que quieras" nunca permitiría que el vecino maltrate a su mascota. Cuando se da vuelta a la tortilla, vemos las cosas de otra manera, ¿verdad?

Ante la presión implacable para aceptar todos los estilos de vida, muchas iglesias están renunciando a su fundamento moral, pese al claro mandato bíblico de hacer lo contrario. Esto hace que los seguidores de Cristo que se mantienen firmes en la verdad bíblica sean estigmatizados como carentes de amor e intolerantes. Sin embargo, la Palabra de Dios es inequívoca acerca del comportamiento pecaminoso. Por ejemplo, lee lo que Romanos 1 dice claramente sobre las relaciones entre personas del mismo sexo:

> Por tanto, Dios los entregó a pasiones vergonzosas. En efecto, las mujeres cambiaron las relaciones naturales por las que van contra la naturaleza. Así mismo los hombres dejaron las relaciones naturales con la mujer y se encendieron en pasiones lujuriosas los unos con los otros. Hombres con hombres cometieron actos indecentes y recibieron sobre sí mismos el castigo que merecía su perversión (Romanos 1:26-27).

¿Crees que Dios se dice a sí mismo: "No sé si debería decir esto porque hoy en día las cosas se están poniendo un poco complicadas en este ámbito"? ¡No! Dios, en quien "no hay cambio ni sombra de variación" (Santiago 1:17, RVC), no ha cambiado de opinión.

> La próxima vez que salgas por la puerta de tu casa y entres al mundo, sé tolerante como lo es Dios: amoroso, indulgente y misericordioso con los marginados, al mismo tiempo que intolerante con el mal, las malas acciones y la impiedad.

Nada de lo que he dicho sobre la sexualidad es odioso o intolerante, sino todo lo contrario: es cariñoso y amable, porque miro más allá del aquí y ahora con el bien supremo de las personas en mente, la esperanza de que sean salvos.

Acércate a la persona homosexual, lesbiana y sexualmente confundida y muéstrales el amor de Jesús. Pregúntales: "¿Quieres un amor verdadero? Déjame hablarte del amor verdadero", y luego léele 1 Corintios 6:9-11 y Juan 15:13:

¿No saben que los injustos no heredarán el reino de Dios? ¡No se dejen engañar! Ni los inmorales sexuales, ni los idólatras, ni los adúlteros, ni los sodomitas, ni los homosexuales, ni los ladrones, ni los avaros, ni los borrachos, ni los calumniadores, ni los estafadores heredarán el reino de Dios. Y eso eran algunos de ustedes. Pero ya han sido lavados, santificados y justificados en el nombre del Señor Jesucristo y por el Espíritu de nuestro Dios.

Nadie tiene amor más grande que el que da la vida por sus amigos. Después diles: "Jesús dio su vida por ti, amigo mío". Elegí deliberadamente esos versículos porque seguramente has escuchado la afirmación de que Dios es intolerante. Quizás te hayas preguntado si eso es cierto. Te animo a que te tomes un momento para pensar en tu vida. Tal vez tus pecados no fueron de naturaleza sexual, pero bebiste en exceso, codiciaste las posesiones de otras personas o hiciste otras cosas prohibidas en la Biblia. Proverbios 29:1 dice: "El que es reacio a las represiones será destruido de repente y sin remedio", pero aquí estás. Antes de que te convirtieras en cristiano, Dios esperó con paciencia y misericordia y no acabó con tu vida. No sufriste un accidente fatal. No sufriste un derrame cerebral ni un ataque cardíaco. ¿Dios nos llevó a ti o a mí en nuestra rebelión? No, esperó. Él soportó nuestra necedad y rebelión. Fiel a la definición de Noah Webster, Dios fue tolerante. "¿No te das cuenta de lo bondadoso, tolerante y paciente que es Dios contigo? ¿Acaso eso no significa nada para ti? ¿No ves que la bondad de Dios es para guiarte a que te arrepientas y abandones tu pecado?" (Romanos 2:4, NTV).

La próxima vez que salgas por la puerta de tu casa y entres al mundo, sé tolerante como lo es Dios: amoroso, indulgente, bondadoso y misericordioso con los marginados, al mismo tiempo que eres intolerante con el mal, las malas acciones y la impiedad. Recuerda distinguir entre el pecado en sí mismo y el pecador perdido y solitario que necesita el amor de Dios. Y estemos dispuestos a soportar su intolerancia para poder guiarlos al amor que solo se encuentra en Jesucristo.

LA VERDADERA TOLERANCIA MUESTRA A LOS DEMÁS UN MEJOR CAMINO

La gente suele condenar la Biblia porque ciertas Escrituras no parecen inclusivas y, en cierto sentido, tienen razón. No solo no son inclusivas, sino que también son muy exclusivas. Gran parte del Nuevo Testamento está dirigido a personas que comparten una cercanía sobrenatural única. He adorado en iglesias bíblicamente sólidas en ciudades distantes y países extranjeros, y me sentí como en casa, incluso cuando no hablábamos el mismo idioma. ¿Cómo es posible? *koinonía*: la palabra griega que describe el compañerismo, el compartir y la comunión que los creyentes tienen entre sí.

La comunión de *koinonía* es exclusiva para hermanos y hermanas en Cristo. Pero ¿este tipo de compañerismo único se considera intolerante y mezquino? ¿Significa esto automáticamente que destruiremos las clínicas de aborto en nuestro país? ¿Luchar contra el aborto? ¡No! Instamos a las madres a elegir la vida y orar para que cada persona dentro de las paredes de esas clínicas venga a Cristo. ¿Nuestra unidad significa que perseguimos y atacamos musulmanes o hindúes porque adoramos al Dios de la Biblia? Por el contrario, si se estuvieran ahogando, deberíamos reanimarlos. O si resultaran heridos, deberíamos donar sangre para salvarles la vida. ¿Podemos exigir que nos devuelvan el favor si es necesario? No deberíamos. Los cristianos vivimos por un estándar más alto que no nos permite darle la espalda a alguien necesitado, ni siquiera a nuestros enemigos.

> Nuestros enemigos deberían estar entre las personas más bendecidas sobre la faz de la tierra.

Nuestros enemigos deberían estar entre las personas más bendecidas sobre la faz de la Tierra. Esto es lo que la Escritura nos amonesta a hacer por ellos: "Si tu enemigo tiene hambre, dale de comer; si tiene sed, dale de beber. Actuando así, harás que se avergüence de su conducta. No te dejes vencer por el mal; al contrario, vence el mal con el bien" (Romanos 12:20-21).

Uno de los mejores ejemplos que he visto de tolerancia hacia un enemigo fue cuando mi esposa y yo asistimos a Calvary Chapel Costa Mesa. Estábamos en la librería y cerca de la calle había un grupo radical preparándose para asaltar la iglesia. En la acera entre el estacionamiento y el grupo estaba uno de los pastores. Años antes había jugado al fútbol americano y todavía era un hombre muy grande y musculoso, lo que hizo que lo que ocurrió después fuera aún más sorprendente. Un hombre diminuto entre la multitud se paró frente a él y comenzó a tocarle el pecho con el dedo. Las venas del cuello del pastor estaban hinchadas, pero se quedó quieto sin tomar represalias.

Después, cuando le preguntaron: "¿No querías golpear a ese tipo?", él dijo: "Sí, al principio quería, pero luego me di cuenta de lo miserable que era ese hombre y comencé a orar por él". Eso, amigo mío, es el Espíritu de Dios obrando, disipando una situación tensa y desagradable.

Nuestros enemigos en el lugar de trabajo, en la vida cotidiana o en la ciudad deberían poder decir: "¿Ves a ese muchacho o muchacha? Son el mejor enemigo que he tenido. Mi vida es bendecida gracias a ellos. Voy a seguir teniéndolo de enemigo".

Nuestra cultura se ha ido al extremo de la hipersensibilidad, lo que a su vez ha derivado en un movimiento importante dentro de los círculos cristianos para hacer que la iglesia parezca tolerante, tal como el mundo define la tolerancia. Personalmente, no veo en ninguna parte de la Biblia un llamado a hacer eso. Siempre que los creyentes se dejan guiar por los sentimientos de los incrédulos, están justo donde Satanás los quiere: temerosos de decir la verdad.

Hermano: la tolerancia, en su sentido más auténtico, no es para los débiles de corazón. El Señor sabe que tú y yo vivimos en un mundo lleno de hostilidad e ira. Sería grandioso si, tan pronto como naciéramos de nuevo, fuéramos directamente al cielo. Pero, por decreto de Dios, permanecemos en este mundo. Si eso no fuera cierto, no habría nadie en la Tierra que pudiera mostrarles a los perdidos que existe un camino mejor.

El apóstol Pablo le escribió un recordatorio a la iglesia de Corinto que puede ayudar a guiar nuestra forma de pensar respecto a la tolerancia tal como la ve el mundo. Él dijo: "Por carta ya les he dicho que no se relacionen con personas inmorales. Por supuesto, no me refería a la gente inmoral de este mundo, ni a los avaros, estafadores o idólatras. En tal caso, tendrían ustedes que salir de este mundo" (1 Corintios 5:9-10). No debemos estar en compañía de aquellos que invocan el nombre de Cristo, pero que habitualmente practican el pecado. Sin embargo, aquí Pablo no está hablando de creyentes: estos son incrédulos.

Dios nos ha pedido que salgamos al mundo incrédulo y estemos cerca de aquellos que cometen tales pecados. No te construyas una fortaleza cristiana y te escondas allí. Ve con sabiduría y entendimiento a influir en el mundo para la gloria de Dios. Acude a quienes están sufriendo y ámalos sin asimilar sus creencias. Esto es lo que significa estar en el mundo, pero no ser parte de él.

Combatir la ola creciente de la nueva tolerancia requiere que seamos fortalecidos a través del Espíritu Santo en nuestro ser interior, el lugar donde el Espíritu cambia y renueva nuestro pensamiento (ver Efesios 3:16). Es allí donde el Espíritu fortalece nuestra determinación de vivir según la voluntad de Dios. Nos fortalecemos cuando diariamente realineamos nuestro pensamiento con la Biblia. Romanos 12:1 ordena a todos los creyentes: "Por lo tanto, hermanos, tomando en cuenta la misericordia de Dios, ruego que cada uno de ustedes, en adoración espiritual, ofrezca su cuerpo como sacrificio vivo, santo y agradable a

Dios". ¿Quieres ser fuerte y sabio en respuesta al mundo confuso de hoy? ¡Renueva tu mente!

Al igual que el entrenamiento de fuerza física, crecer hasta ser espiritualmente fuerte no ocurre de la noche a la mañana. Viene en grados y requiere disciplina. Tu fuerza aumenta cada vez que eliges intencionalmente someterte a la voluntad revelada de Dios en lugar de ajustarte a los dictados de la sociedad.

Pero ten cuidado, esto es importante: Satanás no se quedará sentado frente a tu decisión. Continuará rondándote mediante argumentos diabólicos y persuasivos. Él tocará la fibra sensible de tu corazón a través de miembros de tu familia que viven estilos de vida impíos. Cuando eso suceda, ¡ora! Pide el poder del Espíritu Santo. Como Él habita en ti, pone a tu disposición los vastos recursos del cielo en tu ayuda.

Seamos realistas. Somos algo más que diferentes: no somos de este mundo. La Biblia dice que somos vasos de barro —esencialmente vasijas de arcilla— pero que en nuestro interior reside el poder del Espíritu Santo. Él nos da gratuitamente la capacidad y la fortaleza interior para mantenernos firmes, convirtiéndonos en dinamos potenciales para el reino de Dios. ¡Que Él obre en y a través de nosotros para su gloria y para la salvación de muchos!

CAPÍTULO 9

DESLUMBRADOS POR EL ENGAÑO DEL MUNDO

Broadway Avenue es una de las calles más antiguas de la ciudad de Nueva York, famosa por los carteles y el sonido de sus producciones. Ahora imagínate que estás sentado en uno de esos fabulosos espectáculos de Broadway. Las luces se apagan y la orquesta inunda de sonido el teatro. En el escenario, las cortinas se abren y ves a algunos actores famosos, y otros no tanto, comenzar su actuación. Cada personaje tiene una personalidad, pasión y objetivo, pero todos son parte de una sola narrativa.

Fuera del teatro hay una obra más grande que se desarrolla ante nosotros en el escenario mundial. En este momento, un grupo selecto de pensadores progresistas —hombres y mujeres de élite con posición y poder— están maniobrando para cambiar la vida tal como la conocemos, pero no para bien. Son lo que llamamos *malos actores*. El término *mal actor* es un modismo que se emplea para referirse a una persona u organización que es dañina, ilegal, moralmente incorrecta o engañosa.

Los malos actores entre las élites globales creen que el mundo está listo para el cambio. Dicen que durante demasiado tiempo el mundo ha estado bajo el dominio de Occidente, predominantemente Estados Unidos. De hecho, para quienes promueven ideologías progresistas, Estados Unidos es *el* problema. ¿Por qué es importante esto? Una de las tácticas del engaño es denigrar lo bueno para promover lo malo. Muchos consideran que esta nación todavía opera bajo valores predominantemente cristianos. Estos valores son los que nos han hecho una sociedad viable, libre y liberada; sin embargo, los progresistas ven estos valores como un obstáculo para el avance de sus ideologías.

Las circunstancias de nuestro tiempo exigen que ninguno de nosotros tome las cosas al pie de la letra y, como ya hemos visto, corresponde cuestionarlo todo. Por favor, no acepten ciegamente lo que están leyendo en estas páginas porque les parezca plausible (y ciertamente no les estoy pidiendo que crean en algo porque yo digo que es verdad). Más bien, les pido que hagan todo lo posible por instruirse y pedirle al Espíritu Santo que los guíe a toda la verdad (ver Juan 16:13); es un placer para Él hacerlo.

Algunas de las cuestiones que abarcaré en este capítulo tienen que ver con asuntos con los que muchos no están de acuerdo. Independientemente de cuál sea tu posición respecto de estos temas, mi objetivo al mencionarlos es demostrar que hay un problema mayor detrás de escena: una agenda global que busca aumentar el control gubernamental y privar a las personas de sus libertades.

En cuanto a los malos actores globales y sus instituciones, es vital que comprendamos cómo lo que parecen ser sucesos independientes están conectados con la obtención del control por cualquier medio posible, es decir, manipulando los hechos para generar una crisis y luego intervenir para brindar la solución. Hemos analizado algunos de estos puntos en capítulos anteriores, pero ahora quiero mostrar cómo se cruzan entre sí.

ENGAÑADOS POR QUIENES MANEJAN LA INFORMACIÓN
... *silenciando voces*

La información es poder. Históricamente, los grandes enemigos de la libertad a menudo han logrado superar a sus adversarios controlando la narrativa. Actualmente, entidades con vastos recursos se han embarcado en una misión a gran escala para secuestrar libros que consideran inaceptables.[1] Su objetivo es eliminar del mercado libros y autores que amenacen su visión del mundo. Lo hacen para silenciar ideas opuestas o controvertidas. Los autores escriben para ser publicados, pero si los editores temen que los libreros no compren el material de un autor, el manuscrito es rechazado o archivado.[2] Recientemente hemos sido testigos del aumento de la censura a través de lectores sensibles que señalan contenido ofensivo, estereotipos, prejuicios, etc., para autores y editores. Esta forma de censura no alcanza solo a las obras políticas; estos vigilantes han perseguido la literatura popular como las novelas de James Bond de Ian Fleming y los clásicos de la infancia como *James y el melocotón gigante*, de Roald Dahl y *Willy Wonka y la fábrica de chocolate*.[3] A veces los autores utilizan deliberadamente un lenguaje provocativo o humor negro, pero en la cultura actual de la cancelación, eso debe evitarse: dicho contenido debe editarse para que no ofenda las sensibilidades liberales.

... *borrando la historia*

Un historiador amigo mío me dijo que algunos libros de historia también están siendo retirados del ámbito público. Si hay algo que podemos aprender de la historia es que siempre que los detentores del poder han buscado el control, lo han hecho desmoralizando e intimidando a los que consideran enemigos. Para ello, primero eliminan —o, al menos, diluyen— la historia misma. Al alterar el registro de civilizaciones y pueblos del pasado, eliminan la capacidad de comparar el pasado con el presente. Esto dificulta la capacidad de las personas para conocer los obstáculos que deben evitar. En otras palabras, el viejo dicho es cierto: los que no conocen la historia están condenados a repetirla.

Eliminar o negarse a publicar relatos verdaderos del pasado borra el conocimiento. Por extraño que parezca, esto juega un papel tremendo a la hora de facilitar el engaño. Eso es lo que sucede en la novela de ciencia ficción *1984*, de George Orwell, en la que la historia se reescribe constantemente y solo unos pocos conocen la verdad real.

Una vez que se controla lo que se sabe sobre la historia, es más fácil controlar a las masas. Puedes fabricar nuevos pensamientos e ideas, como esta, que se está extendiendo hoy en día en el mundo académico: que el holocausto contra los judíos en Alemania y Europa del Este nunca ocurrió; es un mito.

> El último bastión de la verdad es y será el remanente del pueblo de Dios que sigue siendo buscador de la verdad comprometido y dedicado.

Cuando borrar la historia por completo no es posible, reinventarla les conviene a los progresistas. Si quienes detentan el poder eliminan información veraz de los pasillos de la educación y de otros lugares para que la gente no pueda examinarla, entonces se pueden sembrar semillas de duda, que eventualmente germinarán y darán frutos.

Jonathan Swift resumió la verdad sobre las mentiras y la desinformación en un artículo que data de 1710 en el periódico político inglés *The Examiner*. La cita ha tenido muchas repercusiones; algunos la atribuyeron a Charles Spurgeon, Mark Twain y Winston Churchill, entre otros. Aunque el texto de Swift está en inglés antiguo, su observación es actual y está vigente:

> Además, así como el escritor más vil tiene sus lectores, el mayor mentiroso tiene sus creyentes; y sucede a menudo que si se cree una mentira solo durante una hora, ya ha hecho su obra y no hay más ocasión para volver atrás. La mentira vuela, y la verdad viene cojeando tras ella, de modo que cuando los hombres llegan a desengañarse, ya es demasiado tarde; la broma ha terminado y el cuento ha surtido su efecto.[4]

El enemigo ha triunfado cuando la historia ha surtido efecto y el engaño se ha apoderado de la vida de una persona.

Como pastor, mi trabajo es educar a la gente. Se supone que debo enseñarles a depender de Dios. Mi llamado es animar y entusiasmar a otros a ser estudiosos, ante todo, de la Biblia; y también lograr que exploren el maravilloso mundo que los rodea. Creo firmemente que el último bastión de la verdad es y será el remanente del pueblo de Dios que sigue siendo un comprometido y dedicado buscador de la verdad.

ENGAÑADOS POR LOS QUE GENERAN CRISIS
... ocultando datos médicos

El título del artículo, "Aumento de las muertes por insuficiencia cardíaca relacionadas con el calor y el frío extremos", me llamó la atención. Había sido un invierno frío, así que estaba intrigado. El texto pretendía mostrar que ha habido un aumento notable en la insuficiencia cardíaca en las muertes relacionadas con el calor y el frío extremos.

El reporte se centraba en un estudio en coautoría de expertos de la Escuela de Salud Pública T.H. Chan de la Universidad de Harvard. Se analizaron más de treinta y dos millones de muertes por problemas cardiovasculares a lo largo de cuatro décadas, en más de dos docenas de países. En este punto, yo estaba realmente interesado. El número de estudios de casos era significativo, y si el clima juega un papel tan importante en la salud de mi corazón, debería preocuparme cómo el calentamiento global afecta mi salud. ¿Bien? No. Error. El estudio encontró que, por cada mil muertes cardiovasculares, solo 2,2 decesos adicionales podrían atribuirse a días de calor *extremo*, y tan solamente 9,1 adicionales a los días de frío *extremo*.

El titular era sensacionalista, pero la investigación no logró aportar sustancia. En ninguna parte el artículo definió qué se entiende por el término 'extremo', o ni siquiera qué temperaturas se consideran óptimas. Tampoco se mencionó cómo y por qué una persona estaría expuesta a tales temperaturas. El artículo relacionaba un pequeño número de muertes con patrones climáticos extremos que, si uno cree en las exageraciones de los medios, pronto estarán sobre nosotros. No importa que esos patrones aún no se hubieran materializado; el objetivo era generar preocupación sobre lo que podría pasar. Al menos, esa fue la impresión que dio el coautor del estudio, Barrak Alahmad: "El desafío actual ahora es el medio ambiente y lo que el cambio climático podría depararnos".[5]

Quiero mencionar aquí también la pandemia de COVID-19 porque, en el momento de escribir este artículo, seguimos conociendo el engaño antes inconcebible fomentado por datos erróneos. En los primeros días de la pandemia nos dijeron que la situación era terrible y que seguiría siéndolo en el futuro previsible sin una rápida vacunación masiva. Para aumentar la confusión, la comunidad científica no logró proporcionar datos claros sobre cuántas personas murieron solo de COVID-19 versus los que murieron con el virus en combinación con otras enfermedades.

La Dra. Leana Wen, analista médica de Cable News Network (CNN) y columnista del *Washington Post*, admitió en 2023 que la comunidad médica ha contado —y sigue contando— un número excesivo de muertes y hospitalizaciones por COVID-19. Wen citó varias fuentes que afirmaban que la mayoría de los pacientes diagnosticados con el virus fueron ingresados en hospitales por alguna otra enfermedad. Hizo referencia a la médica especialista en enfermedades infecciosas, Shira Doron, quien descubrió que "en los últimos meses, solo alrededor del 30% del total de hospitalizaciones por COVID-19 se atribuyeron principalmente al virus" en los hospitales de Massachusetts, por ejemplo. Wen también contó la experiencia de Doron en el Centro Médico Tufts. "Durante algunos días, la proporción de esas personas hospitalizadas a causa de COVID-19 fue tan baja como el 10% del número total reportado que tenía COVID-19".[6]

¿A qué quiero llegar con esto? Estamos siendo testigos de engaños sin precedentes que afectan a nuestra salud personal. Los expertos están manipulando hechos y datos para oscurecer la verdad. Piénsalo: si un virus se presenta como imparable a menos que te aísles y vacunes, ¿no lo aceptarás voluntariamente y te alinearás con las autoridades? ¿Y si no lo haces? En países de todo el mundo vimos cómo los gobiernos les pedían a los ciudadanos evitar y exponer a los infractores de esas normas. Solo eso debería generar señales de alerta. Pero el engaño va aún más allá.

¿Qué pasaría si los cuestionables modelos meteorológicos impulsados por computadora pudieran convencerte de que el clima se volverá cada vez más mortal y afectará tu salud? ¿No te sumarás, por miedo, a los tratados internacionales sobre el clima? Para millones, la respuesta es un rotundo ¡sí!

… regando el alarmismo climático

Casi todas las agencias ambientales y medios de comunicación están tocando el tambor etiquetado como "cambio climático", pero últimamente ha habido un cambio. Cada vez más se considera que la cuestión es una crisis importante. Se puede percibir que el cambio se produce gradualmente a lo largo del tiempo, pero al utilizar el término "crisis", los activistas pueden pintar la situación desde una perspectiva completamente diferente. Los efectos de los cambios pueden atenuarse, pero las crisis exigen medidas rápidas y, a veces, drásticas. Llámalo como quieras, esta es una narrativa exagerada que causa un pánico innecesario. A pesar de que los medios afirman lo contrario, no hay evidencias de que se avecine una crisis climática en nuestro futuro. ¿Hay fluctuaciones en los patrones climáticos? Sí. Pero como señala el siguiente artículo, eso es un fenómeno común.

> Es evidente que las temperaturas están aumentando, pero una reconstrucción de las temperaturas globales de la Administración Nacional Oceánica y Atmosférica durante el último millón de años, utilizando datos de núcleos de hielo, muestra períodos de calentamiento y enfriamiento.

El mismo artículo dice:

> El *New York Times* informó recientemente que la gente estaba talando los bosques de Europa para obtener leña porque los combustibles fósiles eran demasiado costosos o no estaban disponibles. Esto refleja la desesperación que han creado las políticas innecesarias y miopes de Estados Unidos y Europa.

> El nivel del mar promedio a nivel global ha aumentado unos 3,3 mm por año desde que comenzaron las mediciones satelitales en 1992. En el transcurso de un siglo, eso equivale a aproximadamente 13 pulgadas (33 cm), lo que difícilmente constituye una crisis, e incluso si continúa, la adaptación sería sencilla. Además, como los recientes aumentos de temperatura se deben a causas tanto naturales como antropogénicas, es difícil separar el componente del aumento del nivel del mar causado por el hombre. El hielo marino del Ártico ha ido disminuyendo, mientras que el hielo del mar Antártico se ha mantenido estable o en aumento.[7]

Las citas anteriores provienen de un artículo escrito en 2022, pero el engaño climático existe desde hace mucho tiempo, como muestra esta cita de *Forbes* de 2011:

> Ayer se hizo pública de forma anónima una nueva tanda de cinco mil correos electrónicos entre científicos que defienden la afirmación de que los humanos están provocando una crisis de calentamiento global, desatando una nueva tormenta de controversia casi dos años después del día en que correos electrónicos similares encendieron el escándalo *Climagate*.

> Tres temas emergen de los correos electrónicos recién publicados: (1) científicos prominentes que son centrales en el debate sobre el calentamiento global están tomando medidas para ocultar, en lugar de difundir, datos y discusiones subyacentes; (2) estos científicos ven el calentamiento global como una "causa" política en lugar de una investigación científica equilibrada y (3) muchos de estos científicos admiten francamente entre sí que gran parte de la ciencia es débil y depende de la manipulación deliberada de hechos y datos.[8]

El engaño nunca parece engañoso; de eso se trata. El escritor y estadista francés André Malraux dijo: "El hombre no es lo que cree que es. Es lo que esconde".[9] Quiero agregar que las personas pueden parecer bienintencionadas, pero si ocultan algo, es necesario preguntarse por qué.

El alarmismo climático es alentado y propagado por defensores que alegan que es de suma importancia salvar el planeta. No es sorprendente que no se vean afectados por sus políticas restrictivas; algunos incluso justifican su exclusión.[10] Sin embargo, su agenda perjudica a las personas en las que dicen interesarse, especialmente a los pobres y desfavorecidos.

A menudo los países más pobres tienen los entornos ecológicos más peligrosos. Debido a su pobreza, carecen de los recursos necesarios para mejorar la vida de la gente. Las muertes y los abortos espontáneos siguen siendo elevados y la morbilidad sigue aumentando. Esto contrasta marcadamente con las naciones occidentales.

La contaminación y sus nocivos subproductos están en una constante tendencia a la baja en la mayoría de los países industrializados y tecnológicamente avanzados. El medio ambiente es más limpio y la longevidad va en aumento. En general, la sociedad occidental disfruta de un nivel de vida más alto. Sin embargo, la comunidad climática continúa emitiendo edictos exhortándonos a anular esos avances. Dicen que debemos dejar de comer carne, dejar de conducir automóviles, dejar de perforar en busca de petróleo o dejar de trabajar para obtener energía nuclear como fuente de poder. Este tipo de prohibiciones prometen hacer retroceder a la humanidad —rica y pobre— hasta la Edad Media.

¿Por qué alguien creería y promovería acciones que dañan en lugar de ayudar? La Biblia dice que, en última instancia, se trata de una cuestión espiritual. Romanos 1:25 habla de cómo la gente cambia "la verdad de Dios por la mentira" y adora y sirve a la criatura en lugar de al Creador. El culto a la tierra ha logrado avances en algunas de las administraciones e instituciones más poderosas del planeta, incluida la Organización de las Naciones Unidas.

La Oficina del Alto Comisionado de las Naciones Unidas para los Derechos Humanos publicó un artículo titulado "El cambio climático es la mayor amenaza que el mundo haya enfrentado jamás, advierte un experto de la ONU". Según ellos, el cambio climático —no el terrorismo internacional, los regímenes totalitarios con potencial nuclear, las economías en colapso, la desintegración de la unidad familiar, la pobreza o la falta de recursos educativos— es el problema número uno que debería mantenernos despiertos por la noche. Conectar los puntos de la salud y el bienestar de la humanidad con el cambio climático puede parecer una exageración, pero eso es precisamente lo que la Organización de las Naciones Unidas ha intentado hacer.

> En todo el mundo, los derechos humanos se están viendo afectados negativamente y violados como consecuencia del cambio climático. Esto incluye el derecho a la vida, la salud, la alimentación, el desarrollo, la autodeterminación, el agua y el saneamiento, el trabajo, una vivienda adecuada y la libertad frente a la violencia, la explotación sexual, la trata y la esclavitud, dijo Ian Fry, relator especial de la ONU sobre la promoción y protección de los derechos humanos en el contexto del cambio climático.[11]

Tal vez a ti como a mí, te resulte incomprensible que el cambio climático esté teniendo un efecto sobre la autodeterminación, la trata de personas y la esclavitud, pero esa es la afirmación de este organismo internacional. Y como se trata de las Naciones Unidas, la gente acepta fácilmente su evaluación sin cuestionarla. Pero estas afirmaciones son manipulación engañosa, pura y simplemente.

ENGAÑADOS POR LOS QUE AFIRMAN TENER RESPUESTAS

Anteriormente utilicé la imagen metafórica de una obra de Broadway para hablar sobre el escenario mundial, pero todavía no había mencionado que con frecuencia estas obras presentan tanto a un villano como a un héroe que aparece y salva el día en el último momento. Este escenario no se limita a las producciones de Broadway: está sucediendo justo frente a nosotros. Si existiera una marca global, anunciaría: "Ahora en el escenario mundial en Davos, Suiza: Klaus Schwab y el Foro Económico Mundial".

Durante la mayor parte del año, Davos no es más que un centro de esquí en los Alpes suizos. Pero durante una semana de enero, es *el* destino de las elites globales. Desde 1971, Davos se ha convertido en sinónimo de la reunión anual del Foro Económico Mundial (FEM). Es el lugar donde líderes y agitadores se reúnen a discutir sus planes visionarios para curar los males globales, trazando así un rumbo para el futuro del planeta. Davos es donde escuchamos por primera vez el llamado oportunista del fundador y presidente ejecutivo, Klaus Schwab, a un gran reinicio. "La pandemia representa una rara pero estrecha ventana de oportunidad para reflexionar, reimaginar y restablecer nuestro mundo".[12]

El objetivo del reinicio que defiende Schwab es cambiar el tejido mismo de la civilización y anunciar un nuevo orden mundial. El FEM es un gran promotor del concepto globalista de ciudades inteligentes y economía colaborativa. Según esta visión, no poseerás nada, no tendrás privacidad y serás feliz.[13]

Mirar hacia el futuro ha sido el nexo de la declaración de Klaus Schwab de que el FEM busca brindar respuestas a los problemas a medida que se descubren. Dejemos que la frase "brindar respuestas a los problemas" decante por un momento. Las ideas para resolver problemas suenan geniales, hasta que te das cuenta de que quienes afirman tener respuestas también tienen planes tortuosos que implementar.

Sé que esto suena siniestro, pero hay personas y grupos que piensan que está bien desestabilizar una cultura para promover una agenda. Se dan cuenta de que al crear o acentuar un problema existente y posicionarse como si tuvieran la solución, pueden tomar el control y reclamar más poder. Yo creo que el FEM está intentando hacer precisamente eso.

Sus reuniones anuales en Davos se han convertido en una ventana a las mentes de destacados globalistas. No es ningún secreto que el FEM ha sido en el pasado la cuna de líderes como Barack Obama, Justin Trudeau, Volodymyr Zelensky e incluso Vladimir Putin. En 2023, el liderazgo del FEM acogió a un número récord de líderes globales que incluían jefes de estado, ministros de economía, ministros de relaciones exteriores, ministros de comercio, gobernadores de bancos centrales y directores ejecutivos de algunas de las empresas más grandes del mundo, junto con lo que el grupo se refiere como adolescentes "hacedores de cambios".

Me vienen a la mente dos preguntas: ¿qué hay detrás de lo que parece una reunión benigna de élites presentables en Suiza? ¿Por qué los líderes dan crédito a una organización no gubernamental cuyos miembros sugieren algunos de los objetivos globales más extraños e inquietantes imaginables? Sin embargo, cada año los asistentes al FEM regresan a casa con una determinación renovada de avanzar hacia un estado global. Como entidad, el foro desea proponer e implementar políticas que afecten las fronteras, las economías globales, los modelos de negocios y el medio ambiente, o lo que ellos llaman "los bienes comunes globales".

Sus esfuerzos están allanando el camino para lo que esperan sea un futuro gobierno que establecerá, bajo un mismo paraguas, una comunidad global dirigida por un puñado de líderes totalitarios dominantes, todo ello sonriendo mientras lo hacen. Klaus Schwab dio su opinión sobre esto en un tuit de 2016: "La globalización no es el problema. El problema es la falta de liderazgo".[14]

El parlamentario suizo Bastien Girod es el tipo de líder que busca el FEM, con su visión optimista de una utopía diseñada para ti y para mí. Parte del discurso de Girod sobre nuestro futuro incluye el control gubernamental sobre cómo se organiza la población de una región, porque los autos eléctricos no son suficientes para ayudar a reducir nuestra huella de carbono. Girod propone que los gobiernos canalicen a la gente hacia ciudades reestructuradas, diseñadas en torno a controles de carbono, y hagan ilegal la propiedad individual de automóviles. De alguna manera esto promoverá la felicidad, porque todo lo que necesitas estará justo en tu vecindario. ¿Quieres hacer un viaje improvisado a algún lugar fuera de tu zona? Necesitarás un permiso especial. Esta propuesta realmente significa espacios habitables reducidos, transporte público, bicicletas para todos, niveles de vida más bajos y una gran toma de poder.

Estas ideas hacen que los ciudadanos que creen en la libertad de movimiento y todo lo que conlleva, se avergüencen. Me refiero a la simple libertad de elegir dónde trabajar y dónde asistirán tus hijos a la escuela, incluso si eso significa un viaje al trabajo que no es accesible en autobús o tren. Con este tipo de autoritarismo no es difícil imaginar que eventualmente todos tus movimientos serán vigilados y rastreados.

Lo que estoy diciendo puede parecer impensable, pero ya se están sentando las bases. Varios países europeos están experimentando con diferentes formas de lo que llaman ciudades de quince minutos, respetuosas con el medio ambiente.[15] Y California ya ofrece un crédito fiscal a los hogares que no poseen automóviles. Puede que sea difícil de aceptar, pero eso es lo que depara el futuro.

Por otra parte, cada vez más líderes globales ven las ganancias corporativas como una palanca para lograr que las empresas cumplan con las restricciones ambientales. El parlamentario suizo también dijo que se necesitan políticas para cambiar las reglas del juego, para que la sostenibilidad se convierta en la opción "más fácil". Elogió la sugerencia del presidente Biden de que los gobiernos deberían hacer negocios solo con empresas que se comprometan con el Acuerdo de París, un tratado internacional sobre el cambio climático.

¿Es esta la dirección correcta hacia la que se dirige el mundo? ¿O estas "soluciones" son una estrategia para centralizar el poder y el control con el pretexto de desviar un apocalipsis ambiental?

Proteger el planeta no es el único objetivo de la agenda del FEM. En enero de 2023 publicaron un informe de riesgo global basado en una encuesta a mil doscientos expertos en riesgos, legisladores y líderes de la industria en todo el mundo.[16] A cada uno se le pidió que identificara los principales riesgos que el mundo probablemente enfrentaría ese año. Su sombrío informe, como otros recientes, describía un futuro nefasto. Según su evaluación, la próxima década se caracterizará por crisis ambientales y sociales impulsadas por tendencias geopolíticas y económicas. Cuando se les pidió que calificaran la gravedad de los elementos enumerados, los encuestados consideraron que la falta de atención al cambio climático era el principal riesgo de la década. Pero en referencia a la principal amenaza del año, la mayoría ubicó la crisis del costo de vida como la amenaza número uno: el dinero superó al clima.

> Hemos visto el regreso de viejos riesgos, la inflación, el costo de vida, las guerras comerciales, las salidas de capital de los mercados emergentes, el malestar social generalizado, la confrontación geopolítica y el espectro de una guerra nuclear.[17]

El cambio de enfoque del clima a la economía debería llamar nuestra atención, especialmente a la luz de las profecías del fin de los tiempos relativas a una economía global. Esto es un potente indicador de dónde centrarán sus esfuerzos los globalistas: en implementar un enfoque unificado para las economías del mundo como una forma de evitar un colapso monetario.

Uno de los acontecimientos más desconcertantes es la bienvenida que China sigue recibiendo de los miembros del Foro Económico Mundial.[18] Debemos recordar que China es una de las partes más culpables de la contaminación y de su contribución a las emisiones de carbono,[19] que el FEM está frenético por reducir. Tampoco olvidemos el terrible historial de derechos humanos de esa nación. Organizaciones internacionales como Human Rights Watch continúan documentando los abusos de China, incluido el encarcelamiento y la tortura de más de un millón de musulmanes uigures. Para citar un artículo de Human Rights Watch de 2021, "Los crímenes contra la humanidad se consideran entre los abusos de derechos humanos más graves según el derecho internacional".[20] Además, los líderes chinos amenazan perpetuamente con invadir Taiwán, y si Estados Unidos —o cualquier otra nación— intenta detenerlos, han prometido rápidas repercusiones.

Sin embargo, a China se le permite una plataforma global. ¿Por qué? Muchos creen que esta nación parece ser la respuesta a gran parte de los problemas económicos del mundo. Mientras informaba sobre el FEM, el reportero de *Breitbart News*, John Hayward, señaló: "Toda organización internacional sabe que debe andar de puntillas ante el mal genio y el anhelo de mantener el secreto del Partido Comunista Chino, o de lo contrario el gobierno chino dejará de cooperar por completo incluso con los esfuerzos más urgentes".[21]

El mundo está mirando para otro lado en este baile con China. Nos hemos vuelto adictos a sus productos de bajo costo y baja calidad; sin mencionar el costo humano que implica su producción. ¿Por qué no los responsabilizamos a ellos por sus acciones? Creo que esta nación está siendo vista a través de una neblina de engaño económico autoinfligido y egoísta.

¿Cómo influye esto en el engaño general de los últimos días? La política y la influencia de China han tenido altibajos a lo largo de la historia. Aun así, la mayoría de los eruditos de la Biblia creen que esa y otras naciones constituirán "los reyes del oriente" a que se refiere Apocalipsis 16:12. China debe seguir siendo y seguirá siendo un actor destacado en el escenario mundial.

Desde sus inicios, el Foro Económico Mundial ha presentado una versión optimista de un mundo utópico, hasta ahora. La opinión actual es que hemos entrado en una fase de "permacrisis": un mundo que se hunde bajo una cascada interminable de calamidades, incluidas la guerra, el clima, el aumento de los costos de la energía, la inflación, las epidemias, la inestabilidad política y el empeoramiento de la desigualdad económica.[22] Esta llamada permacrisis parece estar amenazando el modelo del FEM para el futuro. La preocupación es que el globalismo esté bajo asedio. Pero no nos dejemos engatusar: este es un antiguo engaño. Consideremos las palabras del estratega militar chino Sun Tzu, escritas entre el 771 y el 256 a. C.:

> Toda guerra se basa en el engaño. Por lo tanto, cuando podemos atacar, debemos parecer incapaces; cuando utilizamos nuestras fuerzas, debemos parecer inactivos; cuando estamos cerca, debemos hacer creer al enemigo que estamos lejos; cuando estamos lejos, debemos hacerle creer que estamos cerca. Coloca cebos para atraer al enemigo, fingir desorden y aplastarlo.[23]

Creo que la primera frase lo dice todo sobre los pocos elegidos que maniobran por medio del control. Lo que me parece interesante es que se ha informado que Klaus Schwab tiene complejo de dios.[24] Parece que, como un monarca o un papa, planea aferrarse a su poder hasta el final. Ni él ni sus devotos saben lo insignificante que es su poder en comparación con el de un líder que aparece en el horizonte.

La Biblia dice que es un hombre que engañará a los engañadores, usurpando su autoridad, pero eso es para el próximo capítulo.

SABEMOS QUIÉN PREVALECE AL FINAL

Las apariencias pueden engañar, como lo demostró el general confederado estadounidense Stonewall Jackson durante la Guerra Civil estadounidense. La Campaña del Valle de 1862 debería haber terminado de manera diferente para Stonewall. Mientras se dirigía a ayudar a defender la ciudad de Richmond, se encontró atrapado entre ambas mitades del ejército de la Unión. Su fuerza de diecisiete mil hombres no era precisamente pequeña, pero no era rival para los

> Gracias al Señor Jesucristo, sabemos cómo termina la historia: ¡él prevalecerá!

cincuenta y dos mil soldados de la Unión que descendieron sobre el valle de Shenandoah en Virginia. Atrapado en el medio, Jackson pergeñó un engaño épico.

El general envió infiltrados detrás de las líneas enemigas y les hizo difundir el rumor de que sus fuerzas sumaban seis dígitos. Cuando los soldados de la Unión se acercaron desde ambos lados, Jackson hizo marchar a su ejército de un lado a otro a través del valle, luchando y derrotando a la oposición.

El ejército de la Unión llegó a creer que toda el área estaba repleta de fuerzas confederadas, sin saber que él estaba moviendo a sus hombres de un lado a otro por el valle. Si los generales de la Unión hubieran sabido del reducido número de soldados de Jackson, habrían llevado a cabo su campaña de manera diferente y habrían aplastado sus fuerzas. En cambio, se retiraron y huyeron, solo para encontrar a Jackson esperando frente a ellos en su guarnición en Fort Royal. Mientras el general Banks huía de Jackson para reabastecerse, este se subió a un tren, esquivó a las tropas de Banks, se unió a fuerzas adicionales y capturó la guarnición.

El engaño de Stonewall Jackson funcionó. El presidente Lincoln finalmente ordenó una retirada a gran escala del área, creyendo que el enorme ejército de Jackson era simplemente demasiado abrumador para ser derrotado.

Del mismo modo, el pequeño grupo actual de élites globales quiere que creamos que son muchos e invencibles, por lo que deberíamos ceder ante sus agendas. Pero debemos tener en cuenta que la Campaña del Valle de Stonewall Jackson debería haber terminado de manera diferente para las fuerzas Confederadas. Si el ejército de la Unión hubiera tenido información precisa, podría haberla utilizado a su favor y haber derrotado a Jackson. Aquí hay una lección para nosotros: debemos usar lo que sabemos que es verdad para enfrentar a quienes perpetran verdades a medias y mentiras descaradas. Dos fuerzas enfrentadas entre sí (una que lucha por la libertad y la otra por la esclavitud) describe la batalla por el control de nuestro mundo. ¿Es alarmante? ¿Abrumador a veces? Sí, en ambos aspectos. De hecho, una ola masiva de engaños está inundando nuestro mundo, pero no debes preocuparte.

Esto no tiene por qué perturbarte ni consumirte. El mismo Dios que preside con ojo vigilante sobre todo es el mismo Dios que nos ha dicho: "En este mundo afrontarán aflicciones, pero ¡anímense! Yo he vencido al mundo" (Juan 16:33).

Gracias al Señor Jesucristo, sabemos cómo termina la historia: ¡Él prevalecerá!

CAPÍTULO 10

DESLUMBRADOS POR EL ENGAÑADOR SUPREMO

Titulares de cuatro palabras cuidadosamente seleccionados, fragmentos de audio de treinta segundos y notificaciones automáticas constantes nos han hecho creer que entendemos lo que está sucediendo en nuestro mundo. En verdad, solo sabemos lo que los escritores o productores de dicho contenido quieren que sepamos. Esta dieta constante a base de fragmentos selectos de información en lugar de conocimiento basado en un examen cuidadoso de los hechos, ha contribuido al aturdimiento que rodea las cuestiones críticas de nuestros días y ha preparado el escenario para el surgimiento del máximo engañador: el anticristo.

A lo largo de milenios se han hecho afirmaciones descabelladas sobre el futuro y específicamente sobre el anticristo, y la gente las ha creído. Pero solo el Dios de la Biblia, que existe fuera del tiempo y el espacio, puede predecir con exactitud dichos acontecimientos. El hecho de que Él quiera que sepamos lo que nos depara el futuro debería hacer que prestemos mucha atención porque, para nosotros que vivimos ahora, ese futuro podría llegar antes de lo que pensamos.

EL MUNDO ESTÁ LISTO

¿Por qué la repentina sensación de urgencia? Independientemente de tu orientación política o afiliación religiosa, la gente está enojada y frustrada con sus líderes. La ausencia de liderazgo —global o de otro tipo— ha dejado a las naciones sumidas en la confusión.

En el libro de Jueces se nos dice que cuando Israel no tenía rey ni liderazgo alguno, cada uno hacía lo que bien le parecía (Jueces 17:6). Esta es la naturaleza del hombre caído. El pueblo que está sin líderes tomará las riendas y se las arreglará. Recién cuando se den cuenta de que están sobre sus cabezas, la desesperación y el miedo los impulsarán a buscar un libertador.

Hoy en día el mundo tiene hambre de dirección y orientación. No puedo probar mis siguientes declaraciones ni quiero parecer sensacionalista, pero creo que el mundo está al borde del tiempo en el que verá surgir al anticristo. No me sorprendería que estuviera vivo y que la hora de su llegada fuera inminente. Jesús les advirtió a los discípulos acerca de esta época en Lucas 21:28-31 cuando dijo:

> Cuando comiencen a suceder estas cosas, cobren ánimo y levanten la cabeza, porque se acerca su redención. Jesús también propuso esta comparación: "Fíjense en la higuera y en los demás árboles. Cuando brotan las hojas, ustedes pueden verlo con sus propios ojos y saber que el verano está cerca. Igualmente, cuando vean que suceden estas cosas, sepan que el reino de Dios está cerca".

Vivo en una zona donde los veranos duran unos nueve meses. Con el tiempo llegan las lluvias de primavera y una tenue capa de verde comienza a aparecer en el suelo, creando una anticipación de lo que vendrá después. Sé que un verde glorioso y aterciopelado llegará casi de la noche a la mañana. Esto sirve como recordatorio de que cuando veo el más mínimo indicio de la profecía del fin de los tiempos empezando a cumplirse en nuestro mundo, debo levantar la cabeza y mirar hacia arriba porque nuestra redención está cerca.

Los cristianos podrían decir algo justificado de cierto modo: "¿Por qué necesitamos saber acerca del anticristo?". La Biblia nos asegura que nunca lo veremos. La razón número uno es que está en la Biblia, tanto en el Antiguo como en el Nuevo Testamento. La número dos es que puedes usar este conocimiento para advertirle a la gente sobre lo que está por venir. La vida se volverá intensa antes de que llegue el anticristo, lo que hará que muchas personas sean receptivas a la verdad. Y número tres, podrás detectar el espíritu engañoso del anticristo, que ya está en el mundo (1 Juan 4:3).

¿QUIÉN ES EL ANTICRISTO?

Hay más de cien pasajes de las Escrituras que se refieren a la persona del anticristo, y muchos más que brindan información general. Un estudio exhaustivo del anticristo sería extenso, por lo que nos limitaremos a mirar a vuelo de pájaro lo que dice la Biblia sobre él. Esta será una vista general, pero te permitirá distinguirlo de otros impostores.

A muchos les viene a la mente una imagen casi caricaturesca cuando escuchan la palabra 'anticristo'. Por favor, no dejes que las ideas falsas según las cuales jura usando el nombre de Jesús, se viste de negro y tiene una cruz invertida estampada en su camisa lo definen de alguna manera. Estas caricaturas no podrían estar más lejos de la verdad. El término 'anticristo' proviene de la palabra griega *antichristos*, que significa que está en contra de Cristo. Es un cristo sustituto, un mesías impostor capaz de engañar al mundo haciéndole creer que él es el que han estado esperando todo este tiempo.

¿Qué diferencia al anticristo de todos los demás impostores? La segunda carta a los Tesalonicenses 2:1 es un buen punto de partida para responder a esa pregunta. Pero antes de continuar, quiero desviarme por un momento del tema y brindarte dos datos sobre los libros de 1 y 2 Tesalonicenses. En 1 Tesalonicenses, Pablo habló de las características de la iglesia y su arrebatamiento, o la reunión de los creyentes para encontrarse con Cristo en el aire (ver 1 Tesalonicenses 4:16-17). La segunda carta a los Tesalonicenses fue escrita aproximadamente un año y medio después, y Pablo enseñó sobre los eventos de la segunda venida y la revelación del anticristo durante el período de la tribulación. Para nuestros propósitos, veremos 2 Tesalonicenses 2:1-10 a fin de darnos una idea inicial del engañador supremo.

> Ahora bien, hermanos, en cuanto a la venida de nuestro Señor Jesucristo y a nuestra reunión con él, les pedimos que no pierdan la cabeza ni se alarmen por ciertas profecías, ni por mensajes orales o escritos supuestamente nuestros, que digan: "¡Ya llegó el día del Señor!". No se dejen engañar de ninguna manera, porque primero tiene que llegar la rebelión contra Dios y manifestarse el hombre de maldad, el que está destinado a la destrucción. Este se opone y se levanta contra todo lo que lleva el nombre de Dios o es objeto de adoración, hasta el punto de adueñarse del templo de Dios y pretender ser Dios.

> ¿No recuerdan que ya hablaba de esto cuando estaba con ustedes? Bien saben que hay algo que detiene a este hombre, a fin de que él se manifieste a su debido tiempo. Es cierto que el misterio de la maldad ya está ejerciendo su poder; pero falta que sea quitado de en medio el que ahora lo detiene. Entonces se manifestará aquel malvado, a quien el Señor Jesús derrocará con el soplo de su boca y destruirá con el esplendor de su venida. El malvado

vendrá, por obra de Satanás, con toda clase de milagros, señales y prodigios falsos. Con toda perversidad engañará a los que se pierden por haberse negado a amar la verdad y así ser salvos.

Lo que acabas de leer es llamativo, emocionante y aterrador. Todo esto está reunido en una poderosa porción de las Escrituras. Es un poco desconcertante considerar que el misterio de la anarquía ya está en acción, y que solo Aquel que lo refrena —una referencia al Espíritu Santo— está reteniendo el poder y las obras del anticristo. Un día, la misión de la iglesia en la Tierra estará completa; la iglesia será arrebatada y el Espíritu se hará a un lado. Para el creyente, este evento futuro debería crear expectativa, pero para aquellos que no conocen al Señor, las palabras de Pablo deberían actuar como una advertencia urgente sobre el líder venidero a quien el mundo adorará.

EL ESPÍRITU DEL ANTICRISTO
... es antiguo

No es necesario ser cristiano para haber oído hablar del anticristo. Menciona el número 666 y la mayoría de la gente sabrá que está asociado con Satanás o el anticristo, y sentirán curiosidad. Quieren saber más. Sin embargo, los creyentes, que normalmente tienen mayor conocimiento que los incrédulos, a menudo actúan como si el anticristo fuera irrelevante para sus vidas. A Satanás le encanta ese tipo de mentalidad que no reconoce el alcance de su influencia.

Él conoce la profecía bíblica hasta cierto punto, pero no posee ningún detalle más allá de lo que se afirma en las Escrituras, lo que le presenta un problema. Con respecto al anticristo, Dios no ha revelado su línea de tiempo. Esto requiere que Satanás tenga un anticristo a mano para cada generación. Siempre debe tener uno esperando entre bastidores y el espíritu del anticristo debe estar operativo en preparación para la revelación del "hijo de perdición". ¿Hasta dónde se remonta esto? Hasta Génesis.

> Cus fue el padre de Nimrod, conocido como el primer gran guerrero en la tierra, quien llegó a ser un valiente cazador ante el Señor. Por eso se dice: "Como Nimrod, valiente cazador ante el Señor". Las principales ciudades de su reino fueron Babel, Érec, Acad y Calné, en la región de Sinar. Desde esa región Nimrod salió hacia Asiria, donde construyó las ciudades de Nínive, Rejobot Ir, Cala y Resén, la gran ciudad que está entre Nínive y Cala (Génesis 10:8-12).

La importancia de este pasaje radica en el nacimiento de Nimrod y la introducción de Babilonia (Babel). Al describirlo, el pasaje dice que estaba "ante el Señor", lo que quiere decir que estaba enfrentando al Señor o estaba en contra del Señor. Basados en la estructura de la oración hebrea, muchos eruditos judíos creen que esto significa que Nimrod era un cazador de almas de hombres que competía con Dios. El capítulo 11 de Génesis nos dice que se unió a la gente bajo su mando, lo que suena bastante inocente, excepto que su motivación era reemplazar el plan de Dios con el suyo. En pocas palabras: Nimrod se alineó contra Dios. Fue el primero (un prototipo) de los hombres guiados por el espíritu del anticristo.

En cuanto al nombre o término 'Babilonia', su significado es de amplio alcance. Se refiere tanto a una ciudad como a un sistema de religión falsa (ver Isaías 13-14; Apocalipsis 17:5). Todas las creencias y prácticas ocultistas se remontan al antiguo sistema de adoración babilónico.

El espíritu del anticristo que apareció por primera vez en el Antiguo Testamento continúa hasta el final del Nuevo. La primera carta de Juan 2:22-23 identifica a quienes tienen este mismo espíritu:

¿Quién es el mentiroso? Es el que niega que Jesús es el Cristo. Tal persona es el anticristo, la que niega al Padre y al Hijo. Todo el que niega al Hijo no tiene al Padre; el que confiese al Hijo tiene también al Padre.

Y en 1 Juan 4:3, dice:

Todo espíritu que no confiesa a Jesús no es de Dios, sino del anticristo. Ustedes han oído que este viene y, efectivamente, ya está en el mundo.

Llamar a alguien mentiroso y anticristo es una declaración fuerte que incorpora a los miembros de cada culto que podamos nombrar. Pero quizás tú, al igual que yo, tengas amigos que creen en el Padre, pero no creen en el Hijo. Esto es desgarrador, porque no queremos verlos terminar en un infierno eterno sin Cristo; los queremos en el cielo con nosotros. Pero no se puede tener al Padre sin el Hijo, y no se puede tener al Hijo sin el Padre. Creer algo menos que la confesión de Jesús "El Padre y yo somos uno" (Juan 10:30) es el espíritu del anticristo.

... se manifestará físicamente

El espíritu que ha estado presente durante mucho tiempo algún día se manifestará. Quiero llamar tu atención a la conjunción 'del' (formada por la preposición 'de' más el artículo definido 'el') antes del nombre propio 'anticristo' en 1 Juan 4:3. Lo que ha sido un espíritu se convertirá en realidad. Satanás poseerá un cuerpo vivo que respira. Cuando tú y yo pensamos en que Satanás puede poseer a un ser humano, tendemos a asociarlo con posesión demoníaca, pero eso no es lo que sucederá en este caso. El mismo Satanás entrará dentro de este hombre, así como entró en Judas en el aposento alto mientras Jesús celebraba la cena de Pascua con los discípulos (Lucas 22:3).

El anticristo no operará solo. Satanás le proporcionará un compañero y asistente religioso. La Biblia se refiere a él como "el falso profeta", pero en términos modernos es el epítome de un hombre de relaciones públicas. Irá donde va el anticristo y realizará milagros diseñados para exaltarlo (ver Apocalipsis 13:11-13; 16:13; 19:20).

Es importante recordar que Satanás no puede crear nada original: solo puede copiar y pervertir lo que Dios ha establecido. Entre Satanás, el anticristo y el falso profeta existirá una trinidad impía. Satanás pretenderá ser como el Padre, el anticristo imitará al Hijo y el falso profeta pretenderá ser como el Espíritu Santo. Sus esfuerzos combinados tendrán un solo propósito: llevar a sus seguidores cautivos directamente al infierno.

EL ANTICRISTO SERÁ UN POLÍTICO CONSUMADO
Será una potencia política

Todo lo relacionado con el pensamiento y las acciones del anticristo será diseñado de manera satánica. Tendrá características que influirán en la Organización de las Naciones Unidas, impresionarán a la Unión Europea y superarán a Estados Unidos. Será una superestrella política, aclamado como el hombre del momento, y el mundo lo acogerá con lo que creo que será un celo y un fervor nunca antes vistos. Su ascenso a la fama ocurrirá muy rápidamente, y la Biblia dice que lo hará mediante intrigas. Si esto te suena siniestro es porque lo es. Él apuñalará por la espalda y mentirá para llegar a la posición número uno entre líderes mundiales (ver Daniel 8:9, 25; 11:21 para otros detalles destacados).

El anticristo no solo entrará en escena casi de la noche a la mañana, sino que también tendrá el poder de persuadir con palabras. Hemos visto este tipo de ascenso meteórico a la fama en oradores carismáticos que son capaces de atraer grandes multitudes.

Es posible que hayas visto viejos fragmentos de noticieros en blanco y negro de Adolf Hitler despotricando y delirando como un loco, pero esas escenas no muestran lo que sucedía antes de los discursos. Hitler se paraba frente a miles de personas sin pronunciar una sola palabra durante más de veinte minutos aproximadamente. Es difícil de imaginar, pero la multitud esperaba pacientemente en un silencio prolongado hasta que él estaba listo para hablar. Hitler utilizó cada parte de su personalidad y retórica persuasiva a su favor, tal como lo hará el anticristo.

Más recientemente, nadie había oído hablar de un tipo llamado Barack Obama hasta el discurso de apertura del oscuro candidato a senador en la Convención Nacional Demócrata de 2004. El mundo político quedó cautivado por el discurso de Obama y saltó a la fama de manera instantánea. El resto es historia.

No estoy conectando a ninguno de estos hombres con el anticristo, pero ninguno habría llegado al poder tan rápidamente sin carisma y palabras suaves. El falso mesías tendrá ambas características en exceso, y también tendrá algo más: el anzuelo perfecto, un tratado de paz.

Él negociará la paz en el Medio Oriente

Las tendencias van y vienen con tanta regularidad que es difícil mantenerse al día. La frase "tendencia ahora" (en inglés, *trending now*) es familiar para muchas personas y todos nos mantenemos al día con las tendencias de un tipo u otro. ¿Pero conoces la dirección en la que va el mundo en el sentido bíblico? Joel 3:1-2 nos dice dónde estamos y qué podemos esperar a continuación:

> En aquellos días, en el tiempo señalado,
> cuando restaure yo la fortuna de Judá y de Jerusalén,
> reuniré a todas las naciones
> y las haré bajar al valle de Josafat.
> Allí entraré en juicio contra los pueblos
> por lo que hicieron a Israel, pueblo de mi propiedad,

pues lo dispersaron entre las naciones
y se repartieron mi tierra.

Tú y yo vivimos en el tiempo y el espacio que siguen al cumplimiento de la promesa de Dios de devolver a los israelitas cautivos a Jerusalén y su promesa de reunir a todas las naciones en el valle de Josafat. Los cautivos de Judá y Jerusalén están de regreso en la tierra de Israel, pero la reunión de las naciones para el juicio aún es futura. Dios juzgará a las naciones por sus repetidos esfuerzos por dividir su tierra. ¿No es eso lo que los políticos han defendido durante décadas? ¿Cuántas veces has escuchado: "Si Israel cediera algunas tierras, finalmente habría paz en Medio Oriente"? Dividir la tierra de Israel puede parecer una solución razonable, pero si se escucha a los enemigos de Israel, está claro que no estarán satisfechos hasta que la nación ya no exista más. Esta es una de las razones por las que la paz en el Medio Oriente es difícil de alcanzar.

> La precisión profética de la Biblia debería asombrar incluso al escéptico más obstinado.

El libro de Daniel, escrito hace casi dos mil quinientos años, dice que la paz en el Medio Oriente (específicamente en Israel) será un punto focal entre los líderes mundiales en los últimos días. Este hecho me parece sorprendente. Daniel no dijo Estados Unidos, Uruguay, Suiza o España. Dijo Israel, la nación que no fue nación durante casi dos mil años, pero que, de repente, se convirtió en nación una vez más en estos últimos días. La precisión profética de la Biblia debería asombrar incluso al escéptico más obstinado.

En los últimos años ha habido algunos intentos de elaborar planes y acuerdos de paz entre Israel y sus vecinos hostiles. Un presidente estadounidense siempre ha sido parte del proceso, pero la participación de Estados Unidos puede ser cosa del pasado. El anticristo irá más allá de las promesas; cumplirá lo que casi todos los presidentes norteamericanos han intentado desde 1948: asegurará la paz entre Israel y sus vecinos enojados. ¿Cómo lo hará? Daniel 8:25 dice: "Y con su sagacidad hará prosperar el engaño en su mano; y en su corazón se engrandecerá, y con paz destruirá a muchos" (RVA).

La palabra hebrea original para 'sagacidad' o destreza se traduce como nuestra palabra 'engaño' o 'intriga'. Generalmente, los pueblos son destruidos por medio de la guerra, ¡pero el anticristo engañará y destruirá usando la paz! Utilizará su capacidad para negociar la paz para adormecer —incluso aturdir— al mundo con una falsa sensación de seguridad y protección. Daniel 9:27 nos dice que el tratado de paz será por siete días, pero sin el Príncipe de Paz no puede haber paz duradera. Los capítulos 38 y 39 de Ezequiel nos informan que el tratado del anticristo no durará. La luna de miel del mundo de vivir en la paz estratégicamente diseñada por Satanás terminará cuando el anticristo rompa el acuerdo a la mitad de los siete años.

Traerá prosperidad

La Biblia indica que el anticristo marcará el comienzo de un nuevo orden mundial que conducirá a la prosperidad económica global. Quizás hayas oído la historia del rey Midas y de cómo todo lo que tocaba se convertía en oro. No es exagerado decir que la gente percibirá como doradas las innovaciones que el anticristo pondrá en marcha. Piénsalo: las naciones industrializadas de hoy están acostumbradas al nivel de vida más alto de toda la historia. Sin embargo, sus economías luchan por los problemas creados por la disminución de la fuerza laboral, las deudas y la mala gestión gubernamental. ¿Cómo responderá la gente a un líder cuyas políticas reduzcan los precios, generen empleo y brinden seguridad económica en todo el mundo? Lo recibirán con los brazos abiertos, porque el mundo ha estado esperando a un hombre así. Como dijo en 1957 el primer presidente de la Asamblea General de las Naciones Unidas y ex primer ministro belga, Paul-Henri Spaak:

No queremos otro comité, ya tenemos demasiados. Lo que queremos es un hombre con la estatura suficiente para tener la lealtad de todas las personas y sacarnos del pantano económico en el que nos estamos hundiendo. Envíanos a un hombre así, y sea dios o el diablo, lo recibiremos.[1]

El anticristo tendrá soluciones brillantes a problemas económicos complejos, uno de los cuales involucra una sociedad sin efectivo. En los últimos días, el conocimiento aumentará exponencialmente (ver Daniel 12:4). Ahora, aplica ese aumento a la tecnología de la información y la moneda digital. Dada la evidencia actual podemos decir con seguridad que el anticristo aprovechará al máximo las transacciones sin efectivo y la moneda digital.

Las transacciones sin dinero en efectivo existen desde hace décadas, pero la mayoría de la gente no vio las infinitas posibilidades hasta que comenzaron los confinamientos por el COVID-19. De repente, las necesidades y los lujos de la vida se compraban con un clic. Es muy fácil y ahorra tiempo. Todo está rastreado, todo está monitoreado y todo está seguro. Suena bien, ¿verdad? Excepto que la Biblia nos dice a qué conduce esto: "Además logró que a todos, grandes y pequeños, ricos y pobres, libres y esclavos, se les pusiera una marca en la mano derecha o en la frente" (Apocalipsis 13:16). El anticristo implementará algún tipo de sistema de identificación biométrica electrónica o autenticador personal. De hecho, actualmente se están realizando esfuerzos para digitalizar todo el cuerpo humano.[2]

Habrá quienes se resistan, y el anticristo tendrá que hacer aceptable esta marca. Sin duda, organizará una campaña mediática multifacética que mostrará cómo la marca promueve la igualdad entre todos los pueblos y naciones y apoya la prosperidad global. Y la ventaja es que reducirá los problemas sociales.

Hasta ahora, la trata de personas y el tráfico ilegal de drogas han eludido los esfuerzos de las fuerzas del orden para acabar con ellos. ¿Cuál es la solución? Vayan tras las fuentes de dinero. ¿Quieren acabar con el mercado negro de transacciones ilegales de drogas? ¿Y evitar que las mujeres y los niños sean comercializados como mercancías? Para erradicar esas actividades será necesaria transparencia monetaria. En otras palabras, las personas tendrán que renunciar a parte de su privacidad personal, pero será por el bien común.

Recibir la marca será fácil y socialmente aceptable; la gente se alineará en masa. Hubo un tiempo en que esto hubiera parecido improbable, pero ya no. En la Conferencia D 11 de 2013 organizada por *All Things Digital*, Regina Dugan, del Grupo de Proyectos y Tecnología Avanzada de Google, defendió que la innovación puede responder a los problemas que todo el mundo tiene todos los días, uno de los cuales es la autenticación de su identidad. Una de las opciones que propuso es algo portátil como el tatuaje electrónico que ella mostró en su antebrazo. Otra sería algo que se ingiere, como las vitaminas diarias, que mostró a los participantes. La píldora, ya aprobada por la Administración de Alimentos y Medicamentos [FDA, por sus siglas en inglés] para fines médicos, contenía un chip con un interruptor que, cuando se digería, permitía que todo el cuerpo se convirtiera en un token de autenticación. Dugan lo comparó con un superpoder que podría permitirle autenticar su identidad simplemente tocando un dispositivo como un teléfono celular o una computadora.[3] Pero más recientemente, son los ciudadanos suecos quienes se han dado cuenta del potencial de la identificación electrónica.

En Suecia, a miles de personas les han insertado microchips en sus manos. Los chips están diseñados para acelerar las rutinas diarias de los usuarios y hacerles la vida más cómoda: acceder a sus hogares, oficinas y gimnasios es tan fácil como pasar la mano por lectores digitales.

Hay tantos suecos haciendo cola para obtener los microchips, que la principal empresa de chips del país dice que no puede satisfacer el número de solicitudes.[4]

Las personas en todo el mundo se están acostumbrando a la idea de utilizar una marca de identificación para su vida personal y sus negocios. Todos tenemos números como los que se utilizan para el banco y la Seguridad Social. El anticristo podría decir algo como: "De ahora en adelante, podrás conservar tus números actuales. Simplemente necesitarás agregar mi prefijo para poder iniciar sesión en nuestro sistema y ser reconocido como miembro de nuestro equipo". La gente querrá estar en lo que se percibe como el lado correcto y dirá: "Inscríbeme", excepto los santos de la tribulación: creyentes que llegan a la fe en Cristo durante el período de la tribulación.

Quiero dejar claro que los santos de la tribulación no son parte de la iglesia. La iglesia —que nos incluye a ti y a mí— habrá sido arrebatada y estará en el cielo antes de la revelación del anticristo. Los que sean salvos durante la tribulación morirán por su fe en Jesucristo. "Entonces vi tronos donde se sentaron los que recibieron autoridad para juzgar. Vi también las almas de los que habían sido decapitados por causa del testimonio de Jesús y por la palabra de Dios. No habían adorado a la bestia ni a su imagen; tampoco se habían dejado poner su marca en la frente ni en la mano. Volvieron a vivir y reinaron con Cristo mil años" (Apocalipsis 20:4).

Los que vivan durante la tribulación necesitarán discernimiento espiritual del más alto nivel, según Apocalipsis 13:18: "En esto consiste la sabiduría: el que tenga entendimiento, calcule el número de la bestia, pues es número de un ser humano: 666". Las Escrituras nos dicen que el sistema del anticristo les permitirá a las personas elegir una de dos opciones: tomar la marca como señal de lealtad y vivir la vida como desee, o rechazar la marca y quedar aislado de la sociedad, lo que puede costarle la vida.

Si estás leyendo esto, pero no eres seguidor de Cristo, tal vez estés pensando: *El día en que eso suceda, preferiría morir antes que recibir la marca.* Déjame preguntarte: si no puedes vivir para Cristo ahora, ¿cómo morirás por Él entonces?

EL ANTICRISTO SERÁ EL SUPREMO ENGAÑADOR

Unificar las religiones del mundo bajo la bandera de una religión falsa es un componente necesario de la agenda del anticristo. Los secularistas sostienen que la religión es el problema, entonces ¿por qué unificar a las personas religiosas? Porque hacerlo no deja a nadie fuera. Todos, ya sean seculares o sagrados, trabajarán juntos para lograr la dominación global del anticristo. Imagina el beneficio de unificar todas las religiones desde el punto de vista del anticristo: ¡comando, control y cumplimiento completos!

Si tienes un dispositivo de inteligencia artificial como Alexa, pregúntale cuáles son las principales religiones de Europa. Alexa te dirá: "La religión más grande de Europa es el cristianismo, pero la irreligión y el secularismo práctico son fuertes". La razón para centrarnos aquí en Europa es que la Biblia señala un nuevo Imperio romano como el área de donde surgirá el Anticristo (ver Daniel 2:41-43; 9:26).

Hay europeos que dicen ser cristianos, pero el cristianismo está en terapia intensiva y casi muerto en el continente. Sí, los europeos son personas espirituales, pero desde la creación de la Unión Europea (UE) muchos de sus eventos municipales, monedas, banderas y carteles han celebrado abiertamente sus raíces paganas. ¡Incluso la arquitectura del edificio del parlamento de la UE en Estrasburgo, Francia, tiene un parecido sorprendente con la interpretación medieval de la Torre de Babel de Pieter Brueghel!

Hay vínculos directos entre la historia pagana europea y el antiguo sistema babilónico de adoración que comenzó con Nimrod. Según las creencias babilónicas, la esposa de Nimrod, Semiramis, tuvo un hijo,

Tammuz, que fue asesinado. Semíramis oró a los dioses del inframundo por su liberación del purgatorio. Su lamento duró cuarenta días y se llamó 'cuaresma'. A través de su intercesión, Tammuz resucitó de entre los muertos y Semíramis se ganó el título de Reina del Cielo.

> El engaño oscurece y al mismo tiempo infiltra lo que Satanás ha deseado desde el principio: usurpar la adoración que le pertenece únicamente a Dios.

Si quieres estudiar esto más a fondo, te invito a leer *Las dos Babilonias,* del reverendo Alexander Hislop. La información que descubrirás puede ser impactante —ciertamente inquietante—, pero es innegable. Quiero recordarte que solo existen dos formas de culto religioso. Uno se basa en la religiosidad de las prácticas litúrgicas y la salvación por las obras. El otro es un acercamiento humilde a Dios, reconociendo: "No puedo salvarme a mí mismo. Vengo a ti, Jesús, para salvarme de mis pecados". El primero es mecánico, el segundo relacional, y aquí reside un grave peligro: la fusión de ambos.

La iglesia unificada del anticristo será un matrimonio impío del babilonismo con la iglesia. Apocalipsis 17:5 la llama "La gran Babilonia, madre de las prostitutas y de las abominaciones de la tierra".

A esta Babilonia se la llama 'ramera' porque es fácilmente accesible (todos los caminos conducen a ella), pero el fundamento de su prostitución no es de naturaleza física. Es fornicación religiosa y adulterio, lo que Dios dice que es lealtad a alguien que no es Él. Su engaño radica en el hecho de que ella asume una forma cultural, y es increíblemente peligrosa porque las almas de muchos están en sus manos. Creo que una iglesia global paganizada algún día se convertirá en el sistema religioso aceptado y respaldado por la comunidad global. Es esta mujer la que está "montada sobre la bestia", según Apocalipsis 17:3.

TODO SE TRATA DE ADORACIÓN

Ya sea secular o sagrado, todo se reduce a la adoración. Desde los nativos de las selvas más oscuras del Amazonas hasta las del Círculo Polar Ártico, todas las culturas han practicado alguna forma de culto. El engaño oscurece y al mismo tiempo infiltra lo que Satanás ha deseado desde el principio: usurpar la adoración que le pertenece únicamente a Dios. Isaías nos habla de esto en el Antiguo Testamento:

> Decías en tu corazón:
> "Subiré hasta los cielos.
> ¡Levantaré mi trono
> por encima de las estrellas de Dios!
> Gobernaré desde el extremo norte,
> en el monte de la reunión.
> Subiré a la cresta de las más altas nubes,
> seré semejante al Altísimo"
> (Isaías 14:13-14).

Y su anhelo de adoración resurge en el Nuevo Testamento:

> De nuevo el diablo lo llevó a una montaña muy alta. Allí le mostró todos los reinos del mundo y su esplendor. Y le dijo: "Todo esto te daré si te postras y me adoras" (Mateo 4:8-9).

> [El hijo de la perdición] se opone y se levanta contra todo lo que se llama Dios o es objeto de culto; tanto que se sienta en el templo de Dios como Dios, haciéndose pasar por Dios (2 Tesalonicenses 2:3-4, RVR60).

El anticristo usará cualquier cosa que esté a su alcance para atraer a la gente a adorarlo. Tú y yo no tenemos idea real de cómo se verá eso o lo que significará de verdad. Si llegáramos a estar expuestos al nivel de engaño que este hombre nos presentará, lo aceptaríamos —de principio a fin— de no ser por el Espíritu Santo, que habita dentro de cada verdadero hijo de Dios nacido de nuevo.

Afortunadamente, nunca veremos al anticristo, pero eso no significa que no necesitemos salvaguardar nuestra adoración. Cuando se trata de Satanás, todo es sobre la adoración, y cuando se trata de Dios, también es sobre la adoración. Entonces, ¿cómo podemos asegurarnos de que somos adoradores de Dios puros y saludables? Aquí dejo unas cuantas sugerencias sencillas.

Lee tu Biblia diariamente, y luego levántate y camina en el Espíritu, que es obedecerlo. Jesús le dijo a la mujer samaritana: "Pero se acerca la hora, y ha llegado ya, en que los verdaderos adoradores rendirán culto al Padre en espíritu y en verdad, porque así quiere el Padre que sean los que le adoren" (Juan 4:23).

Cuida de no hacer de la adoración algo legalista. No es necesario seguir un protocolo litúrgico, estar dentro de una iglesia o esperar hasta el domingo. Puedes adorar a Dios en casa, de camino al trabajo o mientras caminas por el parque. Alábalo como lo haría un niño: libremente, con asombro y deleite. Persigue la santidad. Tu apariencia exterior no es un indicador de tu santidad interior, pero tu reverencia a Dios sí lo es. Deja que tu forma de vivir refleje devoción a Él. "Tributen al Señor la gloria que merece su nombre; adoren al Señor en la hermosura de su santidad" (Salmos 29:2).

Sé apasionado. Nuestra palabra 'entusiasta' se basa en tres componentes griegos. *En* significa 'interno'; *theos* es 'Dios', y *asta* es de donde obtenemos las palabras 'espasmo', 'movimiento' o 'acción'. Cuando Dios habita en una persona, el resultado es la acción. "¡Adoren al Señor con regocijo! Preséntense ante él con cánticos de júbilo" (Salmos 100:2).

Da con expresividad. El rey David dijo: "No voy a ofrecer al Señor mi Dios holocaustos que nada me cuesten" (2 Samuel 24:24). Da tu dinero; da tu tiempo y talentos; da tu vida.

Ama profundamente. "Ama al Señor tu Dios con todo tu corazón, con toda tu alma y con todas tus fuerzas" (Deuteronomio 6:5).

Los humanos somos propensos a adorar, por lo que la pregunta no es: "¿Soy un adorador?", sino "¿A quién, qué y cómo estoy adorando?". Aquí es donde radica la batalla. Nuestra responsabilidad es reconocer y comprender la guerra que se libra contra nuestra alma, el lugar donde se toman las decisiones. Todos los engaños descritos en este libro requieren una decisión: aceptar o rechazar, ceder o resistir, permitir o negar. Esas decisiones se reducen a una pregunta fundamental: ¿Ante quién doblaré mi rodilla? No puedo responderla por ti y tú no puede responderla por mí. Cada uno de nosotros debe responderla a solas ante un Dios santo y justo.

PARTE 2

MANTENERNOS FIRMES POR LA VERDAD DE DIOS

CAPÍTULO 11

EQUIPADOS PARA VIVIR EN LOS ÚLTIMOS TIEMPOS – PARTE I

Creo que estarás de acuerdo conmigo cuando digo que el mundo actual nos resulta extraño en muchos sentidos. Es evidente que no habrá vuelta atrás a lo que alguna vez conocimos como normal. Hay muchas razones que puedo dar para esta conclusión, pero no necesitamos mirar más allá de las consecuencias a largo plazo de la pandemia del coronavirus.

Cuando los gobiernos utilizaron esta amenaza exagerada para su máximo beneficio, nos presentaron un mundo radicalmente alterado, cambiando la forma en que vivimos, bajo la pretendida bandera de la seguridad pública.

Hoy en día la gente es menos sociable, está más preocupada por sí misma, enojada, violenta, anárquica y, trágicamente, más propensa al suicidio. Veo personas —incluyendo cristianos— acercándose a Dios o alejándose de Él. Pero el resultado más sorprendente ha sido el miedo desenfrenado. Y sí, estoy siendo deliberado al elegir la palabra *desenfrenado* para describir el miedo que continúa afectando a nuestra cultura y al mundo de hoy.

Cuando pensamos en el término *desenfrenado*, a menudo lo relacionamos con la lujuria y pasión, y con razón, porque la palabra se usa a menudo para describir lo que es profundamente gráfico o atrapante para la psiquis. De la misma manera, el miedo se ha apoderado fuertemente del control de los corazones y las mentes de individuos en todo el mundo. El miedo ahora impulsa políticas y protocolos que afectan incluso las cosas más simples de nuestra vida diaria. También ha logrado que las personas se vuelvan unas contra otras. Un miedo persistente a lo desconocido ha provocado tal estado de desesperanza que se han disparado las tasas de suicidio. Todo esto apunta a un mundo que se ha desquiciado. No es de extrañar que la gente esté tan asustada.

Puede que haya muchas razones para que el mundo tenga miedo, pero no los cristianos. Cuando Jesús habló con los discípulos acerca de los últimos días, les advirtió por adelantado sobre el engaño sin precedentes que hemos visto hasta este momento. Ahora entendemos que los días de los que habló Jesús están aquí. El engaño generalizado ha llevado a la gente a rendirse a versiones distorsionadas de la realidad en muchos frentes. Estamos atrapados en una batalla definitiva por la verdad.

Si eres como yo (y espero que lo seas), mi fe siempre aumenta cuando leo sobre las batallas épicas del Antiguo Testamento. Entre una y otra guerra los combatientes pueden ser diferentes, pero dos hechos son siempre los mismos: Dios llama a su pueblo a tener valor y los equipa para mantenerse firmes y luchar.

Dios nos ha dado el equipo. Ahora la pregunta es: ¿sucumbiremos al miedo o lucharemos con fe? ¡Creo que estamos llamados a luchar! Y las Escrituras nos dicen cómo debemos hacerlo.

REVÍSTETE

El Señor no espera que nos enfrentemos a las fuerzas oscuras que invaden nuestra cultura sin conocer las especificaciones y capacidades de nuestro armamento. En 2 Corintios 10:4-5, el apóstol Pablo nos dice que "Las armas con que luchamos no son del mundo, sino que tienen el poder divino para derribar fortalezas. Destruimos argumentos y toda altivez que se levanta contra el conocimiento de Dios". Pablo entra en mayores detalles sobre nuestro armamento espiritual en Efesios 6:10-18 (RVR60). Miremos el pasaje y luego exploremos cómo se aplica a nosotros.

> Por lo demás, hermanos míos, fortaleceos en el Señor, y en el poder de su fuerza. Vestíos de toda la armadura de Dios, para que podáis estar firmes contra las asechanzas del diablo. Porque no tenemos lucha contra sangre y carne, sino contra principados, contra potestades, contra los gobernadores de las tinieblas de este siglo, contra huestes espirituales de maldad en las regiones celestes. Por tanto, tomad toda la armadura de Dios, para que podáis resistir en el día malo, y habiendo acabado todo, estar firmes. Estad, pues, firmes, ceñidos vuestros lomos con la verdad, y vestidos con la coraza de justicia, y calzados los pies con el apresto del evangelio de la paz. Sobre todo, tomad el escudo de la fe, con que podáis apagar todos los dardos de fuego del maligno. Y tomad el yelmo de la salvación, y la espada del Espíritu, que es la palabra de Dios; orando en todo tiempo con toda oración y súplica en el Espíritu, y velando en ello con toda perseverancia y súplica por todos los santos...

Pablo comienza con: "Por lo demás, hermanos míos". Estas palabras dirigidas a la iglesia de Éfeso están dirigidas a nosotros también. La expresión "por lo demás" significa a partir de ahora.

Esta exhortación tiene poderosas implicaciones para cada uno de nosotros. No importa lo que pasó ayer. Olvídenlo y déjenlo atrás, y desde este momento avancen vestidos con toda la armadura de Dios.

Es increíble cómo la Biblia nos habla en el siglo XXI utilizando imágenes del pasado que estimulan nuestra imaginación: reinos, armaduras, espadas, escudos y corazas. Dios describe la armadura del creyente de una manera que la mayoría de nosotros diría que suena medieval y peligrosa; sin embargo, el Espíritu Santo inspiró palabras específicas que son eternas en su aplicación. Incluso hoy entendemos muy claramente los detalles de nuestra artillería espiritual.

Se nos insta a usar toda la armadura para que cada parte vital de nosotros esté cubierta y lista para las batallas de la vida. ¿Alguna vez has escuchado la frase "armado hasta los dientes"? Me recuerda a viejas películas de espadachines en las que el personaje principal se está preparando para pelear y se asegura de tener todo lo que necesita. Quizás tenga un par de espadas atadas a la espalda, pistolas enfundadas en los muslos y uno o dos cuchillos en cada pantorrilla. Y luego se da cuenta: "Oye, mi boca está libre. Si la aprieto entre mis dientes, puedo llevar un arma más, una daga". Eso es lo que significa estar completamente equipado, listo para lo que se nos presente. Así es como nosotros, como cristianos, debemos abordar la vida.

Una vez armados, tenemos una fuerza y un poder increíbles. "Por último, hermanos míos, fortaleceos en el Señor y en el poder de su fuerza". ¡Me encanta esto! Observa que Pablo no está hablando de mi fuerza y poder o el tuyo, sino de la fuerza y el poder de Dios. Esto está garantizado porque al ponernos la armadura de Dios, nos estamos revistiendo de Cristo.

Romanos 13:12-14 conecta "armarse" con "revestirse de Cristo" de esta manera: "La noche está muy avanzada y ya se acerca el día. Por eso, dejemos a un lado las obras de la oscuridad y pongámonos la armadura de la luz. Vivamos decentemente, como a la luz del día, no en orgías y borracheras, ni en inmoralidad sexual y libertinaje, ni en desacuerdos y envidias. Más bien, revístanse ustedes del Señor Jesucristo y no se preocupen por satisfacer los deseos de la carne".

La comprensión de que la noche está muy avanzada y el día está cerca debería entusiasmarnos. Pero si esto te causa estrés y preocupación, míralo de esta manera: vives en un momento único en la historia. Tal vez estés matriculado en la universidad o tengas un trabajo y una familia. Quizás estés involucrado en el servicio en la iglesia. Todo eso es genial. Sigue en ellas. Pero al mismo tiempo, Romanos 13:12-14 deja claro qué clase de personas debemos ser en nuestra vida.

No te dejes engañar pensando que puedes vestirte de Cristo y a la vez seguir usando las vestiduras carnales de tu antigua vida. Debes tener una determinación interna para desechar esos harapos andrajosos. Si tienes hábitos o actitudes que te hacen tropezar, deshazte de ellos. La única manera de evitar caer en la trampa y dejar de lado es familiarizándose íntimamente con las verdades y los mandamientos de Dios. Cuando sepas lo que dice la Biblia y te armes con ella, estarás vestido y listo para la batalla.

SÉ MÁS SABIO
La identidad del enemigo

En pocas palabras, la vida moderna es exigente. Es fácil olvidar que estamos luchando contra un enemigo diferente a cualquier otra entidad: no es humano. Y es difícil, si no imposible, luchar contra alguien que no conoces o que no crees que existe.

Trágicamente, las encuestas nos muestran que un número significativo de cristianos profesos niegan la existencia de Satanás. Algunos dicen que es un personaje de cuento de hadas o que es simplemente una personificación del mal. Como dijo J. Dwight Pentecost: "Hoy escuchamos muy poco acerca de Satanás y, en consecuencia, muchos de los que reconocen su existencia y creen que él es el enemigo de su alma no están preparados para enfrentarlo".[1] Lamentablemente, si esto es cierto para ti, él te tiene justo donde te quiere.

Al analizar la situación de este mundo y la participación del diablo en ella, el autor C. S. Lewis señaló brillantemente: "Territorio ocupado por el enemigo: eso es lo que es este mundo". Y continúa diciendo:

> El cristianismo es la historia de cómo el rey justo ha llegado a esta tierra; se podría decir que ha llegado disfrazado, y nos llama a tomar parte en una gran campaña de sabotaje. Cuando vas a la iglesia, en realidad estás escuchando a escondidas la radio secreta de nuestros amigos: es por eso que el enemigo está tan ansioso por impedir que vayamos. Lo hace jugando con nuestra vanidad, pereza y esnobismo intelectual. Sé que alguien me preguntará: "¿De verdad quieres, en estos tiempos, volver a presentar a nuestro viejo amigo el diablo, con pezuñas, cuernos y todo lo demás?".

> Bueno, no sé qué tienen que ver estos tiempos. Y no soy exigente en cuanto a las pezuñas y los cuernos. Pero en otros aspectos mi respuesta es "Sí, eso quiero". No alego conocer nada acerca de su apariencia personal. Si alguien realmente quiere conocerlo mejor, le diría: "No te preocupes. Si realmente quieres conocerlo, lo lograrás. Si te gustará cuando eso suceda, ya es otra cuestión".[2]

Los métodos del enemigo

La capacidad de Satanás para ocultar sus intenciones y actividades es la razón por la cual Efesios 6:11-12 nos exhorta: "Pónganse toda la armadura de Dios para que puedan hacer frente a las artimañas del diablo.

Porque nuestra lucha no es contra seres humanos, sino contra poderes, contra autoridades, contra potestades que dominan este mundo de tinieblas, contra fuerzas espirituales malignas en las regiones celestiales". No puedes detectar ni desviar las artimañas del diablo sin tu armadura.

En Efesios 6:11, la palabra griega traducida como 'artimañas' es *methodeia*, de donde obtenemos nuestra palabra 'metodología'. ¿No es interesante? El diablo tiene métodos, al igual que los líderes militares humanos, como el legendario estratega Genghis Khan.

Genghis Khan era conocido por equipar a sus ejércitos con el mejor armamento posible, pero cuando un arma o estrategia no funcionaba bien en la batalla, simplemente Khan se adaptaba inventando algo nuevo para enfrentar el desafío. He aquí una muestra de sus métodos tácticos: la táctica del desgaste, la táctica de confusión e intimidación, la táctica del ataque relámpago y sorpresa, la táctica del final abierto y la táctica de persecución en caliente.[3] No debería sorprender que sus tácticas guarden un claro parecido a la metodología de Satanás contra el pueblo de Dios.

Satanás puede arrojarnos —y lo hará— con lo habido y por haber. Pero anímate: Dios, en su bondad, nos ha hecho más fuertes en Él de lo que creemos. ¿Cómo puedo saberlo? A través del ejemplo de Pedro.

En Lucas 22:31 encontramos a Jesús sentado con sus discípulos. Estaban disfrutando juntos de su última comida cuando Jesús se volvió hacia Simón Pedro y le dijo algo que probablemente hizo que al discípulo se le helara la sangre: "Simón, Simón, mira que Satanás ha pedido zarandearlos a ustedes como si fueran trigo".

Ahora bien, esa afirmación puede no parecernos tan mala porque, a menos que seas agricultor, no cosechas ni procesas trigo. Simplemente caminas por el pasillo de la panadería en el supermercado, eliges tu marca favorita de pan, lo pagas y sigues tu camino. Quizás no entiendas el proceso de zarandear, pero Pedro sí lo entendía.

En aquellos días había que trillar y aventar el trigo antes de poner una pequeña cantidad en el centro de un colador en forma de cuenco. Luego, un trabajador agitaba vigorosamente el tamiz para separar el grano de la paja, o la parte comestible de la que no lo era. El tamizado o zarandeo era un paso necesario para seleccionar el grano utilizable.

Solo podemos adivinar el resto de la conversación de Jesús y Pedro con esas imágenes predominantes en la mente de Pedro. Es posible que haya sido algo como esto:

> Jesús: "Pedro, Satanás ha preguntado por ti. Ha pedido que te den una paliza".

> Pedro: "Sí, está bien. No me preocupo porque seguro le dijiste que no, ¿verdad? ¿Bien? Quiero decir, vaya, eso estuvo muy cerca".

> Jesús: "La verdad, Pedro, no le dije que no. Cuando él termine contigo —y sobrevivirás— debes usar esa experiencia para fortalecer a tus compañeros creyentes".

El objetivo de Satanás era derrotar a Pedro, pero sabemos por la historia de la iglesia que ese zarandeo logró todo lo contrario. Satanás tenía la intención de destruirlo, pero Dios usó la situación para convertirlo en un gigante espiritual. Pedro, sabio, maduro y curtido en la batalla, tomó cada parte de lo que aprendió a través de esa experiencia y lo compartió con otros. Te animo a leer la segunda carta de Pedro y ver los resultados por ti mismo. Serás bendecido por las ideas del apóstol para tu caminar cristiano.

¿La perspectiva de enfrentar lo que parece ser una oposición abrumadora te hace encogerte de miedo? No debería ser así, y el relato bíblico de un incidente que involucró al profeta Eliseo y su siervo nos explica por qué. En 2 Reyes 6, comenzando en el versículo 14, leemos acerca de un intercambio que tuvo lugar entre este hombre de Dios y su siervo. Mientras Eliseo dormía profundamente, el sirviente se despertó y vio que estaban completamente rodeados por la enorme fuerza militar de Siria, que estaba lista para destruir Israel. Tenían un aspecto aterrador: ¡una máquina de lucha sucia y feroz! El sirviente respondió diciendo, en esencia: "Se acabó. Nos vamos a morir".

Eliseo se despertó y pronunció una declaración que debería consolar el corazón de todo hijo de Dios: "No tengas miedo (…). Los que están con nosotros son más que ellos" (vs. 16). El siervo de Eliseo podía ver físicamente a los soldados enemigos, pero no podía ver lo que más importaba.

Esto es lo que sucedió después: "Entonces Eliseo oró: 'Señor, ábrele a Guiezi los ojos para que vea'. El Señor así lo hizo y el criado vio que la colina estaba llena de caballos y de carros de fuego alrededor de Eliseo" (vs. 17).

> La fe ve lo que las lágrimas no pueden ver.

¿Puedes imaginar? Eliseo ora, el siervo parpadea, luego abre los ojos y ve una enorme hueste de fuerzas celestiales (o criaturas angelicales) posicionadas para destruir al ejército invasor sirio dispuesto contra el pueblo de Dios. Los caballos y carros de fuego eran reales. La fe ve lo que el miedo no puede ver.

La próxima vez que las circunstancias te griten que te rindas porque no hay salida, pídele a Dios que te abra los ojos.

FORTALÉCETE
Establece una línea de defensa

Se han escrito muchos libros sobre la guerra espiritual, pero el clásico al que vuelvo una y otra vez es *El cristiano con toda la armadura de Dios* de William Gurnall. El valor de sus ideas te dejará boquiabierto. Su sabiduría es así de buena. Si eres de comprar libros, ¡este es el que

debes tener! Mientras tanto, quiero que consideres esta pregunta directa de Gurnall y su relación con cómo debemos prepararnos de antemano para pelear la buena batalla de la fe: "¿Para qué tenemos las Biblias,
los ministros y la predicación, si no tenemos la intención de equiparnos con ellos como armadura para el día malo?".[4]

En Efesios 6:13, Pablo nos alerta sobre la necesidad de una buena
defensa: "Por lo tanto, pónganse toda la armadura de Dios, para que
cuando llegue el día malo puedan resistir hasta el fin con firmeza". Una
razón clave por la que Dios te ha dado una armadura espiritual es para
que "puedas resistir".

Tu primera línea de defensa para contener a las fuerzas enemigas
consiste en levantar un muro de protección contra aquello que se te
opone. Ese muro está diseñado para desviar ataques.

Los veteranos recientes de la guerra urbana en Medio Oriente asen-
tirán con la cabeza sobre la necesidad de construir muros porque, sin
darse cuenta, se han convertido en expertos en barreras de concreto.
Las barreras colocadas en ubicaciones estratégicas proporcionan seguridad y protección invaluables contra ataques. Las tropas incluso les
daban apodos como Jersey, Alaska y Texas, según su forma y tamaño.
Pero independientemente del tamaño, estas barreras proporcionaban
seguridad en territorio enemigo.

La cantidad de tiempo que dediques a salvaguardar tu vida, la de
tu cónyuge y tu familia con un muro construido usando la Palabra de
Dios, determinará tu nivel de seguridad durante estos tiempos peligrosos. Desde que llegué a Cristo hace más de cuatro décadas, he adoptado
un método sencillo para contrarrestar los ataques espirituales. Cuando siento que el enemigo me presiona y quiero protegerme del miedo, la duda o la ansiedad, imprimo versículos de la Biblia. Luego los
coloco en lugares estratégicos de la casa: en el espejo donde me afeito,
encima del fregadero de la cocina, en el alféizar de la ventana cerca de
donde estudio. ¡Hasta los pego con cinta adhesiva en el tablero de mi

auto! Leer y releer estos recordatorios del poder de Dios y lo que Él ha prometido hacer por su pueblo sirve como una barrera sólida entre mi adversario y yo.

Mantente firme

A continuación, se nos dice que nos mantengamos firmes: "Manténganse firmes, ceñidos con el cinturón de la verdad…" (Efesios 6:14). El concepto de ceñir la cintura tiene que ver con el uso de un cinturón.

Algunas de las ilustraciones que ves de antiguos soldados romanos usando un cinturón muestran una correa de cuero simple y delgada alrededor de la cintura, pero eso no representa con precisión lo que los soldados realmente usaban o lo que Pablo tenía en mente cuando hizo esta descripción. Estos otros cinturones eran lo suficientemente grandes y gruesos como para conectarse con la coraza del guerrero y sostener sus diversos implementos de guerra, incluyendo su vaina y su espada, manteniéndolos a mano y listos para usar. Tiras de cuero también colgaban del frente del cinturón para proteger la parte inferior del cuerpo. ¡Así que estos cinturones eran fuertes y considerables!

Bíblicamente, ceñirse estrechamente con la verdad de Dios te permite permanecer firme, inamovible y proteger tus órganos vitales. Si comparase el cinturón con una faja, las mujeres entenderían al instante de lo que estoy hablando. Pero otra forma de ilustrarlo es a través de una lesión que recibí cuando era más joven.

> Es esencial ceñirnos firmemente con la verdad de Dios, porque ella determina si tú y yo permaneceremos firmes o caeremos.

Una tarde, cuando llegué a casa del trabajo, bajé del auto, me agaché para agarrar la manija de la puerta del garaje e inmediatamente vi las estrellas. Caí al suelo, gimiendo de agonía. Sentí que iba a morir, así que mi esposa y yo fuimos a la sala de emergencias esa noche.

Un médico me diagnosticó una hernia de disco. Para ayudar a aliviar el dolor, me envolvió tan fuerte que sentí como si mi cintura se hubiera encogido cinco o seis pulgadas. Casi no podía respirar. Todas las demás partes de mi cuerpo tenían libertad para moverse, pero la envoltura alrededor de mi cintura era tan fuerte y firme que me mantenía erguido. Eso es precisamente lo que Pablo tenía en mente cuando escribió sobre el cinturón de la verdad.

Es esencial ceñirnos firmemente con la verdad de Dios, porque ella determina si tú y yo permaneceremos firmes o caeremos.

Pedro ayuda a ampliar nuestra comprensión de lo que significa estar ceñido cuando dice: "Por tanto, ceñid los lomos [las partes internas de tu corazón y alma] de vuestro entendimiento" (1 Pedro 1:13, RVR60). La traducción literal del texto griego aquí se refiere a preparar la mente para la acción. La idea es la de un hombre que recoge los pliegues de su prenda larga y se la mete en el cinturón para poder moverse sin obstáculos.

Tú y yo no podemos darnos el lujo de permitir que nuestros pensamientos flameen al viento sin rumbo y arriesgarnos a perder el entusiasmo por las cosas de Dios y nuestra eficacia como cristianos. En la batalla por la verdad, la oposición es sutil en sus intentos de influir en nuestro pensamiento. Sé prudente acerca de a quién estás escuchando y qué estás leyendo. Ciñe tu mente con doctrina bíblica pura y sin adulterar para que no te vuelvas relajado e indiferente con respecto a las cosas espirituales. Como dice Hebreos 2:1: "Por eso es necesario que prestemos más atención a lo que hemos oído, no sea que perdamos el rumbo".

Lo hermoso de la verdad es que no es necesario crearla. La verdad eterna de Dios permanece, es fuerte, firme e inmutable. Gran parte de lo que se dice, publica e imprime estos días se considera verdad, pero no lo es. Esto naturalmente nos lleva a preguntarnos qué es la verdad y cuáles son los beneficios de conocerla. Según el diccionario Webster de

1828, 'verdad' es "conformidad con el hecho o la realidad; exacta conformidad con lo que es, ha sido o será. La verdad de la historia constituye todo su valor. Confiamos en la verdad de las profecías bíblicas".[5]

Pero quizás la mejor respuesta provenga de una conversación de hace dos mil años. El día de su arresto, juicio y crucifixión, Jesús se presentó ante Poncio Pilato, gobernador de Judea. Después de escuchar a Jesús hablar sobre su reino y sus seguidores, Pilato le preguntó: "¿Así que eres rey?".

Jesús respondió y fue más allá de la pregunta de Pilato al decir: "Eres tú quien dice que soy rey. Yo para esto nací y para esto vine al mundo: para dar testimonio de la verdad. Todo el que está de parte de la verdad escucha mi voz".

Pilato presionó aún más a Jesús preguntándole: "¿Y qué es la verdad?" (Juan 18:37-38). Este intercambio entre Pilato y Jesús es relevante para toda persona pensante. Si nos detenemos y consideramos sus ramificaciones, deberíamos sentarnos, tomar nota y tomar una decisión personal con respecto a la verdad.

Ante Pilato estaba Jesucristo, el Hijo de Dios, quien afirmaba ser la verdad de Dios encarnada. Esta no fue una revelación velada o secreta que Jesús hizo de sí mismo. Para aquellos que buscaban al Mesías, las Escrituras del Antiguo Testamento dieron pruebas exactas de que Él era quien decía ser (Juan 5:39). ¿Y quién sino Dios podría predecir la manera en que moriría y resucitaría? "Se burlarán de él, le escupirán, lo azotarán y lo matarán. Pero al tercer día resucitará" (Marcos 10:34). Este mismo Jesús dijo: "Yo soy la resurrección y la vida. El que cree en mí vivirá, aunque muera" (Juan 11:25).

Puedes debatir la sinceridad de las preguntas de Pilato. ¿Estaba simplemente cumpliendo con su deber al interrogar a Jesús? ¿O creía genuinamente que Jesús tenía las respuestas que estaba buscando? De cualquier manera, lo que no está en duda es que la verdad conduce a la satisfacción cuando se la encuentra, se la abraza y se entra en ella.

Es el deseo de Dios que cada uno de nosotros camine en la verdad. La idea de caminar en la verdad es hermosa y práctica. Todos estamos familiarizados con caminar; nos resulta muy natural. Puede que no pienses en esto muy a menudo, pero en el momento en que no puedes caminar, pierdes tu libertad. No tener la capacidad de caminar te roba la oportunidad de explorar o de ser independiente. Reduce todo tu mundo a una ubicación geográfica, limitándote a veces a una silla o una cama.

Pero, si puedes caminar libremente, entonces el mundo está ante ti y nada te está prohibido. Una vez más, amo la practicidad de la Biblia. Cuando caminas en la verdad de la Palabra de Dios, esta ilumina todo lo que a tu alrededor es sombrío y distorsionado. "Tu palabra es una lámpara a mis pies; es una luz en mi sendero" (Salmos 119:105). Debes sostener la verdad como una linterna y caminar en su luz. Pero para hacerlo, debes asimilarla a tu vida. Toda la Biblia establece verdades que debemos saber: línea tras línea, precepto tras precepto. Nuestra responsabilidad es seguir el ejemplo de los creyentes de Berea en Hechos 17:11. Ellos escudriñaban las Escrituras diariamente para determinar si las enseñanzas que escuchaban se alineaban con las profecías y doctrinas del Antiguo Testamento. Y para eso no hay sustituto más que consumir la Biblia de forma regular y decidir ponerla en práctica.

COMPROMÉTETE

A medida que los días se vuelven más oscuros y abunda la maldad, no puedo reiterar esto lo suficiente: creo que Dios ha estado preparando a su iglesia y nos está llamando a un nuevo nivel de compromiso aún mayor. Él nos ha designado a cada uno de nosotros para que estemos vivos en este momento. Deberíamos despertarnos cada mañana con expectativa y entusiasmo al pensar en lo que Él tiene reservado para nosotros. Me gusta cómo los puritanos veían a la iglesia y su fe cristiana. A algunos esto les parecerá radical, pero es bíblico.

Los puritanos creían que la iglesia tenía dos aspectos: la iglesia militante y la iglesia triunfante. La primera se involucra con el mundo, lucha contra la maldad y proclama el evangelio mientras hace brillar la luz, el amor y la verdad de Cristo en un mundo oscuro. La historia de la iglesia está llena de ejemplos de hombres y mujeres que creyeron de todo corazón que debían comprometerse con su cultura adoptando una postura firme: creyentes como William Wilberforce, Samuel Adams y William Carey.

El nombre William Wilberforce había sido olvidado en gran medida hasta su reintroducción en nuestra generación a través de *Amazing Grace*, del autor Eric Metaxas. Como miembro del Parlamento inglés, Wilberforce entendía lo que significaba tener influencia. Pero después de aceptar a Cristo, su vida adquirió un nuevo propósito: usar su posición para lograr cambios. "Mi camino es público", escribió en su diario. "Mi carrera está en el mundo y debo mezclarme en las asambleas de hombres o renunciar al puesto que la Providencia parece haberme asignado".

Wilberforce se convirtió en un ferviente abolicionista. Hizo campaña incansablemente durante cuarenta y cinco años para abolir la esclavitud, muchas veces sintiéndose solo en esta búsqueda. En un tristemente célebre discurso ante el Parlamento sobre los hechos de la trata de esclavos, Wilberforce concluyó diciendo: "Habiendo escuchado todo esto, puedes optar por mirar hacia otro lado, pero nunca más podrás decir que no lo sabías". Ese discurso cambió la historia. Fue testigo de la abolición de la trata de esclavos a los cuarenta y siete años, pero no fue hasta que estuvo en su lecho de muerte, treinta años después, que se enteró de la aprobación final de la Ley de Abolición de la Esclavitud, que permitió liberar a setecientos mil esclavos en el Reino Unido.

Los esfuerzos de William Wilberforce estimularon a un grupo de abolicionistas en los Estados Unidos, hombres de tremenda influencia: el Dr. Benjamin Rush, el primer cirujano general; John Adams, el segundo presidente; y el jefe, cuyo nombre puede sorprenderte: Thomas Jefferson.

La iglesia militante está aquí en la Tierra, pero la iglesia triunfante aún está por llegar. Tendremos nuestro triunfo final cuando estemos ante el Señor, regocijándonos en el cielo. Pero el hecho de que todavía no hayamos llegado a ese punto significa que debemos mantenernos firmes y construir una línea de defensa que nos permita perseverar. Ahora no es el momento de darse por vencido.

Sabiendo que ese día llegaría, Jesús oró a su Padre por nosotros: "Ellos no son del mundo, como tampoco lo soy yo. Santifícalos en la verdad; tu palabra es la verdad. Como tú me enviaste al mundo, yo los envío también al mundo. Y por ellos me santifico a mí mismo, para que también ellos sean santificados en la verdad" (Juan 17:16-19). La palabra 'enviado' implica equipo para una misión definida. Podemos avanzar con gran valentía debido a la magnitud del apoyo que brinda la verdad. Delante, detrás y flanqueándonos como un muro inexpugnable, el poder del cielo mismo está con nosotros.

Ser un creyente eficaz hoy en día es como siempre ha sido: es comprender las órdenes de despliegue que nos han llegado de nuestro Rey. Nos ha comisionado para entrar en este mundo de argumentos hostiles, agendas siniestras y doctrinas demoníacas.

La Biblia nos dice que los ojos del Señor están mirando "toda la tierra y está listo para ayudar a quienes le son fieles" (2 Crónicas 16:9). Él busca hombres y mujeres que se nieguen a mirar hacia otro lado y que no retrocedan por miedo. Creo que están aquí entre nosotros. Creo que tú eres uno de ellos.

En 2 Corintios 6:7, Pablo escribió que, al servir a Dios, debemos hacerlo "con la palabra de verdad, con el poder de Dios, con armas de justicia a diestra y a siniestra" (RVR60).

Así es como nos involucramos. Así es como permanecemos. Así es como luchamos.

CAPÍTULO 12

EQUIPADOS PARA VIVIR
EN LOS ÚLTIMOS TIEMPOS – PARTE 2

Todo está permitido en la guerra y en el amor (o eso cree el mundo), y cuando los países van a la guerra, utilizan todos los medios necesarios para ganar. Tomemos, por ejemplo, este truco casi cómico, pero muy eficaz, llevado a cabo por las fuerzas aliadas durante la Segunda Guerra Mundial.

El Ejército Fantasma tenía un objetivo: engañar a las fuerzas de Hitler y a sus aliados...

Las unidades militares estadounidenses del Ejército Fantasma, a las que se les atribuye el mérito de perfeccionar el antiguo arte de la guerra engañosa, utilizaron tanques y camiones inflables para ocultar el verdadero tamaño y ubicación de las fuerzas estadounidenses. Tocaron sonidos ensordecedores grabados para imitar el movimiento de las tropas. Enviaron comunicaciones de radio engañosas para codificar la inteligencia alemana...

Los alemanes cayeron en la trampa.[1]

Si te parece descabellada la idea de que una maquinaria de guerra como la Alemania nazi pudiera caer en una treta así, recuerda que vivimos en una época que le ha dado la espalda a la lógica y la razón, y ha caído en creencias pseudocientíficas en lugar de la ciencia real. En la batalla por la verdad, tú y yo estamos siendo condicionados —preparados, por así decirlo— para aceptar mentiras incluso cuando la verdad está justo frente a nuestros ojos.

Ante esto, creo que todo cristiano necesita poder responder a estas dos preguntas: ¿cómo puedo protegerme? Y, ¿adónde voy desde aquí?

En el capítulo anterior analizamos algunas de las piezas del armamento cristiano tal como las describió Pablo en Efesios 6:10-18. Terminamos con el cinturón de la verdad, y en este capítulo continuaremos analizando cómo Dios nos ha equipado para mantenernos firmes contra nuestro adversario, el diablo. Pero antes de continuar, quiero compartir un par de mis versículos favoritos. Recurro a estos pasajes cuando me quedo sin aliento espiritualmente hablando, o cuando necesito reenfocarme, y ciertamente se aplican a los tiempos en que vivimos.

El primero es Jeremías 29:11-13, especialmente el versículo 12, que garantiza que el Señor escucha cuando lo invoco en oración, y que cuando lo busque de todo corazón, lo encontraré.

> Porque yo conozco los planes que tengo para ustedes —afirma el Señor—, planes de bienestar y no de calamidad, a fin de darles un futuro y una esperanza. Entonces ustedes me invocarán, vendrán a suplicarme y yo los escucharé. Me buscarán y me encontrarán cuando me busquen de todo corazón.

El segundo es el aliento de Dios a Josué:

Durante todos los días de tu vida, nadie será capaz de enfrentarse a ti. Así como estuve con Moisés, también estaré contigo; no te dejaré ni te abandonaré. Sé fuerte y valiente porque tú harás que este pueblo herede la tierra que prometí a sus antepasados. Solo te pido que seas fuerte y muy valiente para obedecer toda la ley que mi siervo Moisés te ordenó. No te apartes de ella ni a derecha ni a izquierda; solo así tendrás éxito dondequiera que vayas (Josué 1:5-7).

Josué era todo un hombre. Era un espía, fiel asistente de Moisés, llamado por Dios para conducir a Israel a la Tierra Prometida, y era igual que nosotros. Sabemos que era como nosotros porque, a lo largo del libro de Josué, Dios le habla y le dice: "No temas" y "Ten ánimo". Josué fue llamado a hacer grandes cosas, pero tenía miedo y a veces le faltaba valor.

Quizás te sientas como Josué: inadecuado, débil o temeroso. Está bien, pero no te quedes así. Te animo a que descubras dónde reside tu fuerza. Ármate con toda la armadura de Dios. Con eso en mente, leamos Efesios 6:10-18 y continuemos reconociendo la armadura que Dios nos ha dado.

Por último, fortalézcanse con el gran poder del Señor. Pónganse toda la armadura de Dios para que puedan hacer frente a las artimañas del diablo. Porque nuestra lucha no es contra seres humanos, sino contra poderes, contra autoridades, contra potestades que dominan este mundo de tinieblas, contra fuerzas espirituales malignas en las regiones celestiales. Por lo tanto, pónganse toda la armadura de Dios, para que cuando llegue el día malo puedan resistir hasta el fin con firmeza. Manténganse firmes, ceñidos con el cinturón de la verdad, protegidos por la coraza de justicia y calzados con la disposición de proclamar el evangelio de la paz. Además de todo esto, tomen el escudo de la fe, con el cual pueden apagar todas las flechas encendidas del maligno. Tomen el casco de la salvación y la espada del Espíritu, que es la palabra de Dios. Oren en el Espíritu en todo momento, con peticiones y ruegos. Manténganse alertas y perseveren en oración por todos los creyentes.

LISTO PARA LA BATALLA

La comprensión del apóstol Pablo sobre cómo el mundo espiritual afecta nuestro mundo físico es algo que la iglesia necesita poner en práctica hoy. Sé que recibimos ataques por todas partes, pero debemos dejar de permitir que esos ataques nos hagan tropezar. Necesitamos ser audaces y mantenernos firmes. Cuando digo "sé audaz", no me refiero a una manera arrogante y fea como lo hacen los impíos. Ese tipo de audacia es descarada, egoísta y desagradable. Pero la audacia de la buena llega cuando comprendes lo que significa vestirse con la coraza de justicia (Efesios 6:14).

Tú y yo no tenemos ninguna justicia propia. Déjame decirlo de nuevo: cero. Si pensamos que podemos crear alguna forma de rectitud personal, te garantizo que será una moralidad inventada con base en la arrogancia. En contraste, cuando aceptamos el pago con sangre de Cristo por nuestros pecados, Jesús se vuelve hacia nosotros y nos da su justicia como coraza.

Quiero que observes que la coraza se coloca encima de las partes vitales del cristiano, que tienen que ver con las cosas del espíritu. La justicia de Dios Todopoderoso cubre y protege los pulmones espirituales y el corazón de un creyente nacido de nuevo. Pensemos en eso por un momento. Deja que esta maravillosa y asombrosa verdad se instale en tu alma; debería hacerte respirar profundamente y vivir la vida con absoluta confianza y audacia.

Me encanta que Dios nos proporcione justicia, porque eso hace una tremenda diferencia en la forma en que manejamos la vida. Leemos en

Proverbios 28:1: "El malvado huye aunque nadie lo persiga; pero el justo vive confiado como un león". Los malvados huyen por miedo, creyendo falsamente que el mundo los persigue y se acerca rápidamente, pero los justos no tienen esa preocupación. Como el salmista, podemos decir: "En Dios he confiado; no temeré; ¿qué puede hacerme el hombre?" (Salmos 56:11, RVR60).

Cuando Jesús enseñó las Bienaventuranzas en el Sermón del Monte, dijo: "Dichosos los perseguidos por causa de la justicia, porque el reino de los cielos les pertenece" (Mateo 5:10). Si te pronuncias contra el aborto, te llamarán odioso. O, si hablas en contra de redefinir la sexualidad, te etiquetarán de mente estrecha y potencialmente podrás perder tu sustento. Es un hecho que "serán perseguidos todos los que quieran llevar una vida piadosa en Cristo Jesús" (2 Timoteo 3:12), pero el miedo a las repercusiones no es motivo para retroceder. Vivir en la libertad de la justicia de Cristo te animará a hacer lo correcto.

La audacia del creyente se origina en la disposición que proviene de andar "calzados con la disposición de proclamar el evangelio de la paz" (Efesios 6:15). Aquí se da a entender que es posible que tengas zapatos puestos, pero el evangelio de la paz pasa sobre ellos para protegerte dondequiera que tus pies te lleven a lo largo del día. ¿Por qué es esto cierto? Porque ante todo eres justificado por la fe y tienes paz con Dios por medio de Jesucristo (Romanos 5:1).

Como cristiano, ya no estás en guerra con Dios. Cristo ha traído paz entre Él y tú, lo que significa que no estás contendiendo con Él. Ya no hay fricciones entre ustedes. Al menos eso es cierto en cuanto a tu *posición espiritual* ante Dios. Pero tal vez esto no sea del todo cierto en cuanto a tu *relación diaria* con Él. Puede que seas cristiano, pero constantemente estás discutiendo y peleando con Él sobre cómo van las cosas en tu vida. Necesitas dejar esas cuestiones al pie de la cruz y vivir en paz con Él. ¿Cómo puedes dar la paz del evangelio a los que están atribulados si tú mismo no tienes paz? No puedes regalar lo que no tienes.

Ahora bien, si no estás tan preocupado por compartir el evangelio, la verdad de tener los pies calzados te dolerá, pero digo lo siguiente con amor. El cristiano con la armadura completa, según Efesios 6:15, es alguien que comparte el evangelio. Si Dios ha transformado tu vida, tienes algo que decir.

Podrías protestar: "Pero yo no soy un predicador". No dije que tienes que ser un predicador. Podrías argumentar que no eres extrovertido o que no sabes lo suficiente sobre la Biblia. No estoy diciendo que necesites cambiar tu personalidad o convertirte en un erudito de la Palabra. Pero ¿has experimentado honestamente a Jesucristo en tu vida? Si puedes responder que sí, puedes ser tan ciego y sordo como lo fue Helen Keller y aun así comunicar el poder de Dios, cosa que ella hizo.

Si la idea de compartir el evangelio te aterroriza, pídele a Dios que te abra una puerta de oportunidad y mira qué sucede. Estoy seguro de que Él traerá a la persona adecuada en el momento adecuado, hecha a medida para ti. Ese vecino, compañero de trabajo o incluso ese extraño se marchará bendecido, y te garantizo que tú también lo estarás.

Seamos sinceros: ¿alguna vez has comido una comida fantástica o has hecho algo interesante y divertido y se lo has contado a alguien? Por supuesto que sí. Te afirmo que existe una alta probabilidad de que, debido a que Dios ha tocado tu vida, tengas algo que decir a los demás sobre lo que Él ha hecho.

Podría ser que nunca le hayas hablado a alguien acerca de Jesús. Hoy es el día para hacer un cambio. Tienes algo único que comunicar; me refiero a tu testimonio personal. En Lucas 8:38, leemos acerca de un hombre que Jesús liberó de la posesión demoníaca y que "rogaba que le permitiera acompañarlo". Suena como una petición razonable, pero Jesús lo despidió. ¿Por qué? Porque Jesús sabía lo que ese hombre debía hacer. "Vuelve a tu casa y cuenta todo lo que Dios ha hecho por ti" (vs. 39). Quizás Dios te esté dando un codazo y preguntándote: "¿Qué hay acerca de tu familia?". Son un excelente lugar para comenzar, ¡pero no te detengas ahí! Cuanto más cuentes tu historia, más natural será compartirla. Te resultará cada vez más fácil dar testimonio de Cristo.

Tienes que estar dispuesto a dejar de lado tus excusas e inseguridades. Dios quiere usarte para su gloria. Puedo decir eso con autoridad porque antes tartamudeaba. Cuando era niño, me acosaban y hacían las peores bromas. Uno de mis profesores de primaria incluso me puso en evidencia al hacerme pararme sobre un escritorio para leer un libro, lo que hizo que todos se rieran a costa mía.

No dejé de tartamudear como otros niños. Cuando le propuse matrimonio a Lisa, me pareció que me tomó una eternidad pronunciar las palabras: "¿Q-q-q-q-quieres-casarte conmigo?". Luego, en 1983, estaba testificando con un pequeño grupo. Yo siempre era de los que oraban al fondo, pero esa noche fue diferente. Vi a esta joven y me sentí obligado a hablar con ella. No escuché una voz, pero fue como si Dios me hubiera agarrado de la camisa. Sentí su poder en acción. Sabía que resistir sería desobedecerle. Entonces, me acerqué a ella y le dije: "Disculpa. ¿Te importaría si te hablo acerca de Jesucristo?". Ella dijo: "No, en absoluto". En ese momento, Dios sanó mi lengua. Compartí el evangelio y oramos juntos. No tartamudeé en esa ocasión, no tartamudeo ahora, y desde esa noche nadie ha podido mantenerme callado.

Amigo, escucha. ¿Tienes algún problema con el que estés luchando, como yo? ¿"Eso" se ha convertido en una excusa para no ser audaz? Deja que Jesucristo se apodere de tu vida y te transforme para que puedas ser un recipiente de su poder espiritual.

CERCANO Y PROTEGIDO

La siguiente arma sobre la que Pablo llama nuestra atención es el escudo de la fe. Comienza Efesios 6:16 diciendo "además de todo esto", lo que nos dice que nuestro escudo debe ser una prioridad absoluta porque lo necesitaremos para apagar "los dardos de fuego del maligno".

En nuestro mundo moderno asociamos los dardos con un juego que se cuelga en la pared, y si les agregas fuego, bueno, eso hace que el juego sea más emocionante. Pero los dardos de los tiempos bíblicos eran completamente diferentes. La expresión 'de fuego' o 'encendidos' proviene de la palabra griega *pyros*. De ahí nuestra palabra para pirotecnia o fuegos artificiales. 'Dardos' es *belos*, que habla de misiles. ¡Pablo nos está haciendo saber que cuando Satanás ataca, usa gran poder del fuego! Por eso el escudo de la fe es esencial.

> Tu mayor posesión es tu fe que descansa en el poder y la verdad de la Biblia.

En la guerra antigua, los soldados mojaban sus flechas en alquitrán o brea, las prendían fuego y lanzaban contra las fuerzas enemigas. Cuando un soldado romano veía esas bolas de fuego acercándose a él, se arrodillaba, levantaba su escudo y recibía el impacto. Pero había una táctica diferente cuando una unidad completa avanzaba frente al poder de fuego enemigo. Mientras este catapultaba dardos de fuego, el comandante gritaba: "Chelóna, chelóna", que significa 'tortuga'. Y juntos, los hombres sostenían sus escudos de una manera que emulaba el caparazón de una tortuga.

La primera fila de hombres se agacharía y sostendría sus escudos desde los pies hasta los ojos para cubrir el frente de la formación. Los de atrás colocarían sus escudos sobre su cabeza, superponiéndolos con los de los soldados de adelante, para ofrecer protección arriba. Si la formación era grande, los de los lados y la retaguardia mirarían hacia afuera, y sus escudos se superpondrían con los de detrás, protegiendo así a todo el grupo. ¡Así debe ser la comunión cristiana!

Creyente, se te ha dado el escudo de la fe como defensa contra Satanás, y sé que puede parecer que estoy exagerando al decir algo, pero escúchame. Tu mayor posesión no es el coche que tienes en la entrada de tu casa, ni tu barco, ni tu cartera de acciones, ni tu salud. Es tu fe que descansa en el poder y la verdad de la Biblia.

He escuchado la acusación: "Biblia, Biblia, Biblia. Eso es de lo único que siempre hablas". Es verdad, y por esta razón: "Así que la fe viene como resultado de oír el mensaje y el mensaje que se oye es la palabra de Cristo" (Romanos 10:17). Cada vez que lees un versículo de las Escrituras o escuchas enseñanzas bíblicas sólidas, tu fe crece y tu escudo se hace cada vez más grande. Créeme. En la batalla quieres tener un gran escudo, lo que me lleva a preguntarte: cuando tus luchas personales son intensas con flechas volando desde todas direcciones y tu comandante celestial grita "Tortuga", ¿tienes compañeros de fe con quienes puedas bloquear los escudos?

Si tu respuesta es: "Hablo con gente toda la semana en el trabajo. Estoy cansado. No quiero salir con nadie", lo entiendo. Pero escucha: estamos inmersos en una batalla espiritual de proporciones épicas; necesitamos estar unidos. Te animo a que invites a desayunar o almorzar a las personas que se sientan más cerca de ti los domingos en la mañana, o que intercambien peticiones de oración. Que puedan conocerse realmente. Haz lo que sea necesario para ir más allá de saludarse en el estacionamiento o estrechar la mano después del culto, porque "su enemigo el diablo ronda como león rugiente, buscando a quién devorar" (1 Pedro 5:8).

Dependiendo de dónde vivas, podrías llamarlos pumas, panteras o gatos monteses, pero aquí, en el sur de California, los llamamos leones de montaña. Independientemente de cómo llame a estos grandes felinos, tienen una cosa en común: están esperando al que está solo. Y eso es lo que también espera el diablo. Él te acechará, observándote durante semanas y meses (a veces años). Él esperará para hacer su movimiento y atacará cuando hayas dejado de tener comunión con otros creyentes que fortalecerán tu fe, estarán a tu lado y orarán contigo en tiempos difíciles. Satanás ama a los cristianos aislados. Son presa fácil.

CUBIERTOS CON LA VERDAD

Los soldados listos para la batalla deben ser guerreros decididos, por lo que no es casualidad que "el casco de la salvación" (Efesios 6:17) esté por encima de todas las demás piezas de nuestro armamento espiritual. Es en la región de la mente donde tienen lugar los ataques más significativos de Satanás con respecto a la salvación.

Tengo un casco Kevlar que me regaló un coronel del Cuerpo de Marines, quien vio numerosos despliegues bélicos en Afganistán e Irak. Es increíblemente liviano, pero increíblemente fuerte. El casco está fabricado con compuestos en capas que brindan a los soldados libertad de movimiento, visibilidad y máxima protección para la cabeza. Ese casco Kevlar con sus múltiples capacidades es una imagen perfecta de la protección que brinda el casco o yelmo de la salvación.

No hay duda de que cuando el casco está bien puesto y afirmado, nos defiende contra ataques a la doctrina de la salvación, conocida como soteriología. Satanás sabe que lo que creemos acerca de la salvación afecta casi todas las áreas de nuestra vida. Desafortunadamente, demasiados cristianos han entendido mal o han aprendido de manera inadecuada lo que implica la salvación y cuánta seguridad podemos tener acerca de ella. Aquí hay tres conceptos básicos:

1. La Biblia dice: "Si confiesas con tu boca que Jesús es el Señor y crees en tu corazón que Dios lo levantó de entre los muertos, serás salvo" (Romanos 10:9).

2. Jesús dijo: "Yo les doy vida eterna y nunca perecerán, ni nadie podrá arrebatármelas de la mano. Mi Padre, que me las ha dado, es más grande que todos; y de la mano del Padre nadie las puede arrebatar" (Juan 10:28-29).

3. Tú, querido santo, eres eternamente salvo y maravillosamente seguro hasta el día de la redención porque tienes esta promesa: "Dios es el que nos mantiene firmes en Cristo, tanto a nosotros

como a ustedes. Él nos ungió, nos selló como propiedad suya y puso su Espíritu en nuestro corazón como garantía de sus promesas" (2 Corintios 1:21-22).

En el momento en que aceptas a Cristo, Dios te ve como una nueva creación (2 Corintios 5:17). Él incluso te da un corazón nuevo, el primer paso inicial y de suma importancia hacia la salvación. Pero la mente es algo completamente diferente. No se nos da una mente nueva. Cuando la Biblia habla de la mente, se refiere a nuestro pensamiento con sus pasiones, deseos, dolores y cosas por el estilo. Esta parte de nosotros permanece bajo la continua obra santificadora del Espíritu Santo, y debe ser renovada diariamente a través de la Palabra (Romanos 12:2).

> El Dios de toda la creación dio a su único hijo para reconciliarte con él y darte vida eterna. Él no te abandonará ahora.

¡Oh, cuánto necesitamos que las verdades de la salvación cubran nuestra mente cuando Satanás decide derribarnos! Uno de los grandes héroes de la fe, Charles Spurgeon, sufría severos ataques de depresión. Los describió como sentimientos oscuros y siniestros que lo hicieron sentir alejado de Dios. ¿Te sorprende que un gigante espiritual como Spurgeon enfrentara este tipo de lucha? No debería sorprenderte, porque todos luchamos de vez en cuando, incluso con cosas como la depresión y la desesperanza. Pero hay una solución a este problema: ¡predícate el evangelio a ti mismo todos los días!

Sumérgete en las Escrituras que hablan de la salvación y la magnitud del amor de Dios por ti. Recuerda todo lo que ahora es tuyo. Contraataca con versículos como 2 Samuel 22:2-3: "El Señor es mi roca, mi amparo, mi libertador; es mi Dios, la roca en que me refugio. Es mi escudo, el poder que me salva, ¡mi más alto escondite! Él es mi protector y mi salvación".

El Dios de toda la creación dio a su único Hijo para reconciliarte con Él y darte vida eterna. Él no te abandonará ahora. Ponte firmemente el casco de la salvación y fija tu mente en la eternidad. Te llenará de entusiasmo y te liberará para ver este mundo de una manera centrada en Cristo. El conocimiento de que el mismo poder que levantó a Cristo de entre los muertos está obrando en ti (Efesios 1:20) te infundirá resiliencia para afrontar los altibajos de la vida. Te convertirás en un guerrero formidable cuando estés vestido para el combate y coronado con el yelmo de la salvación, capaz de decir: "Sin embargo, en todo esto somos más que vencedores en aquel que nos amó" (Romanos 8:37).

PODER DE LO ALTO

Ya hemos visto la fuerza y la protección que nos brinda nuestro arsenal espiritual, así que siento que estoy haciendo un infomercial cuando digo: "Pero espera, hay más". Efesios 6:17 nos ordena tomar "la espada [griego *machaira*] del Espíritu, que es la palabra de Dios". De todos los implementos proporcionados al soldado cristiano, únicamente la espada se despliega como arma ofensiva. Quizás hayas escuchado el dicho: "La mejor defensa es un buen ataque", y creo que es aún más cierto cuando se aplica a la espada del Espíritu.

La espada más frecuentemente asociada con los guerreros romanos es el sable. Pero cuando una batalla se volvía intensa y los hombres se lanzaban a luchar entre sí en un combate cuerpo a cuerpo, la *machaira* —que cada centurión llevaba en la cadera— se convertía en el arma preferida. La *machaira* era pequeña; medía aproximadamente entre catorce y dieciocho pulgadas de largo (entre 35 y 45 cm), era bien afilada y mortal. Los soldados estaban altamente capacitados en su uso y sabían exactamente dónde clavarla. Sabían que cuando la clavaban hasta la empuñadura, hasta el punto en que ya no entraba más, tocarían un órgano vital. El vencedor entonces confiaba en que su oponente caería para siempre.

Cristiano, nunca olvides que tu enemigo lucha para vencer, incluso hasta la muerte. Sé que suena violento, pero las batallas invisibles que se libran contra ti, tu familia y el mundo que te rodea son feroces y el enemigo es implacable. Este es el momento de asegurarte de que sabes cómo luchar usando la espada del Espíritu: la Palabra de Dios.

William Gurnall escribió:

> Un piloto sin su carta de navegación, un erudito sin su libro y un soldado sin su espada son igualmente ridículos. Pero, sobre todo, es absurdo que uno piense en ser cristiano sin conocimiento de la Palabra de Dios y cierta habilidad para usar esta arma.[2]

Es imposible exagerar sobre la necesidad de volverse hábil en el uso de la espada del Espíritu. Últimamente hemos escuchado a innumerables supuestos expertos que argumentan en contra de la verdad bíblica en sus respectivos campos, y si escuchas con atención, notarás que han dedicado tiempo a perfeccionar sus argumentos engañosos. Parece que, en todos los ámbitos de la vida, lo que escuchamos hace que el bien suene malo y el mal suene bien. Te animo a que te entrenes en el uso de escrituras específicas para contraatacar y acabar con los pensamientos y actitudes engañosos que alejan a las personas de la voluntad de Dios.

Por ejemplo, si estás hablando con alguien que apoya la eutanasia para los ancianos y los enfermos, es ineficaz citar Juan 14:6: "Yo soy el camino, la verdad y la vida. Nadie llega al Padre sino por mí". Eso no funcionará. Es un versículo excelente para la evangelización, pero no el adecuado para una conversación sobre la eutanasia. Pero si conoces a alguien que está teniendo dificultades en su matrimonio, anímalo con un versículo como Efesios 4:32: "Más bien, sean bondadosos y compasivos unos con otros y perdónense mutuamente, así como Dios los perdonó a ustedes en Cristo". Funciona perfectamente.

COMUNICÁNDONOS CON EL COMANDANTE

Pablo ha hecho todo lo posible para ayudar a los cristianos a comprender el poder de su armadura espiritual, pero es la pieza final, la oración, la que, cuando se descuida, nos debilita en nuestra guerra. Efesios 6:18 nos manda a orar "en todo momento, con peticiones y ruegos". La oración rige a la espada del Espíritu, la coraza de justicia, los pies preparados con el evangelio de la paz, el escudo de la fe, el yelmo de la salvación y el cinturón de la verdad. La oración hace que todas nuestras armas trabajen juntas.

> Nuestras oraciones constantes nos preparan para la batalla y la hora crítica de enfrentamiento cuando más se necesita el apoyo del cielo.

He escuchado a personas decir: "Bueno, supongo que no queda otra que orar", como si la oración fuera el último recurso cuando todos los demás esfuerzos han fracasado. Espero que no sea así como ves tu acceso al salón del trono de Dios, porque eso no es lo que enseña la Biblia.

Numerosas veces se nos exhorta a orar sin cesar en las Escrituras, lo que nos muestra que hablar con Dios debe ser tan natural para nosotros como la respiración lo es para nuestro cuerpo. Así como los peces nadan en el agua y los pájaros vuelan por el aire, así el Señor quiere que tú y yo estemos tan acostumbrados y cómodos con la oración. Sin embargo, hemos caído presa de muchos libros, sermones y conversaciones en los que la oración se presenta como un acto inmenso, trabajoso y complicado. En muchos sentidos, se ha descrito como algo casi imposible de alcanzar. Creo que Satanás desea intimidarnos tanto a ti y a mí que preferiríamos renunciar a la oración y marcharnos frustrados.

No me malinterpretes. La oración requiere iniciativa de nuestra parte. Estamos llamados a mantener una línea constante de comunicación con el Señor, lo que significa que no ocurre automáticamente. Requiere esfuerzo, pero no es difícil; se trata de compartir con el Señor las cargas de nuestro corazón y buscar su guía.

En una palabra, a través de la oración, estamos constantemente en contacto con nuestro alto mando mientras estamos en este mundo. Cuando oramos nos conectamos inmediatamente con todos los poderes del cielo. Se nos concede sabiduría, revelación y comprensión y, a veces, Dios nos revelará cuál debe ser el objetivo de nuestras oraciones.

En una de mis visitas a Israel pude ser testigo ocular de una misión militar en la que se utilizó un dron, muy por encima de sus cabezas, para monitorear a un pequeño grupo de comandos israelíes que trabajaban para desactivar un lugar terrorista conocido. Esos ojos electrónicos miraban todo y comunicaban todo lo que esos comandos necesitaban saber para eliminar el peligro. La información vital se transmitía en un link cifrado de arriba a abajo. Los soldados en Tel Aviv supervisaban la situación, dando instrucciones a quienes se encontraban en una región distante —todo funcionando a la perfección— como si estuvieran cara a cara y hablando entre sí. La comunicación era muy clara. La plataforma de observación desde lo alto era perfecta y le permitió a un puñado de hombres eliminar una amenaza poderosa e inminente.

Yo veo nuestras conversaciones con Dios como similares a las comunicaciones de los israelíes entre sí. A través de la oración, Dios nos permite ver lo que de otro modo permanecería invisible para el ser natural. Y tenemos esa misma conexión de arriba a abajo, de la Tierra al cielo y del cielo a la Tierra con nuestro Padre y el capitán del ejército, el Señor Jesucristo.

Nuestras oraciones constantes nos preparan para la batalla y la hora crítica de enfrentamiento cuando más se necesita el apoyo del cielo. Cuando llegue esa hora, deberíamos ponernos de rodillas para recibir nuestras órdenes de marcha.

COMISIONADOS

Un liderazgo sobresaliente siempre definió los puntos de inflexión en la historia del hombre: un liderazgo que inspira y anima a las personas a ir más allá de sus limitaciones y capacidades. Los escritores han llenado las bibliotecas con innumerables páginas acerca de las proezas de los grandes hombres y mujeres que dieron forma a su cultura, algunas de ellas para todos los tiempos. Respondieron a un llamamiento más elevado y superior a ellos mismos: vivir más allá de ellos.

Podría enumerar los líderes que han dado forma al mundo y nos han llevado al lugar donde nos encontramos hoy, pero incluso los más grandes se vuelven irrelevantes a menos que generen esperanza dentro de nosotros. No importa lo que pienses de su política, Napoleón Bonaparte pertenecía a esa categoría. En la batalla y en tiempos de derrota inminente, cuando las fuerzas de Napoleón se enteraban de que estaba en camino, luchaban con una dosis extra de fuerza y vigor. La esperanza de que pudiera llegar en cualquier momento los llevó a realizar heroicas hazañas de coraje mientras avanzaban con un ojo puesto en la batalla y el otro mirando al horizonte mientras esperaban la aparición de su líder.

Si un líder como Napoleón pudo generar tal celo esperanzador, ¡cuánto más se aplica a nuestro Líder, la única fuente y fundamento verdadero de esperanza, el Dios Todopoderoso, manifestado en la persona y el ministerio de Jesucristo!

A nivel mundial, las naciones, incluyendo Estados Unidos, están implosionando. Estamos viendo cómo nuestras libertades se derrumban y los creyentes viven ahora bajo un espectro siempre presente de persecución. Sin embargo, en medio de la oposición y las dificultades, Jesucristo promete una esperanza que protege nuestra mente y corazón.

Estamos equipados con todo lo necesario para enfrentar la adversidad, pero Efesios 6:18 exige que también estemos "velando en ello con toda perseverancia" (RVR60). Este es un tiempo increíble de crecimiento para la iglesia a nivel colectivo e individual, y debemos perseverar y permitir que las dificultades de estos días hagan su obra en nosotros tal como 1 Pedro 1:3-9 dice que lo harán.

> ¡Bendito sea Dios, Padre de nuestro Señor Jesucristo! Por su gran misericordia, nos ha hecho nacer de nuevo mediante la resurrección de Jesucristo de entre los muertos, para que tengamos una esperanza viva y recibamos una herencia que no se puede destruir, contaminar o marchitar. Tal herencia está reservada en el cielo para ustedes, a quienes el poder de Dios protege mediante la fe hasta que llegue la salvación que se ha de revelar en los últimos tiempos. Esto es para ustedes motivo de gran alegría, a pesar de que hasta ahora han tenido que sufrir diversas pruebas por un tiempo. El oro, aunque perecedero, se acrisola al fuego. Así también la fe de ustedes, que vale mucho más que el oro, al ser acrisolada por las pruebas demostrará que es digna de aprobación, gloria y honor cuando Jesucristo se revele. Ustedes lo aman a pesar de no haberlo visto; y aunque no lo ven ahora, creen en él y se alegran con un gozo indescriptible y glorioso, pues están obteniendo la meta de su fe, que es su salvación.

Tenemos nuestras órdenes de marcha. Son muy directas, claras, liberadoras y tan gozosas que no podemos evitar emocionarnos ante la perspectiva de lo que está por venir.

Cada uno de los elementos de tu armamento espiritual que he descrito —el cinturón de la verdad, la coraza de justicia, los pies calzados con la preparación del evangelio de la paz, el escudo de la fe, el casco de la salvación y la espada del Espíritu— y lo que ellos harán en ti debe generar una esperanza firme y sólida como nunca antes en la historia de la iglesia.

No quiero parecer indiferente o arrogante cuando digo esto, pero cada día que tú y yo nos despertamos y vemos que algo va mal en nuestro mundo debería darnos motivos para aumentar la esperanza. Entiendo la tentación de levantar los brazos con disgusto y renunciar al ver la conducta escandalosa de los funcionarios electos, nuestra cultura desmoronándose y los ministerios e iglesias que no logran detener la marea. Yo te digo: "¡No lo hagas!". Tu respuesta debería ser la contraria. Recuerda: desde la perspectiva de Dios, nada de lo que sucede es inesperado. Dijo que las cosas empeorarían mucho en los últimos días a medida que avanzamos en el calendario profético.

El estado de deslumbramiento del mundo es una profunda advertencia para ocuparnos de nuestra salvación con temor y temblor. El tiempo es corto. Ni tú ni yo sabemos cuándo Dios nos llamará a casa, ya sea mediante el rapto o la muerte. Pero esto sí sabemos: la Palabra de Dios nos anuncia que Jesús vendrá otra vez… pronto.

La esperanza del regreso de Cristo me hace buscar aún más oportunidades para ministrar en mis últimos años. Esta esperanza me hace hablar y tomar una postura contra esta época tan perversa. Con un ojo en la batalla y el otro en el horizonte buscando a Jesús, nunca me he sentido más animado a mantener el rumbo y avanzar.

Mi objetivo con este libro es hacerte comprender que no hay razón para estar triste o desesperado. Por el contrario, oro para que hayas sido animado a dejar esos sentimientos a un lado, levantarte y hacer que tu vida importe con una imprudencia santificada por el reino de Dios. A medida que avanzas, que seas el tipo de creyente que hace que el infierno caiga sentado y tome nota mientras el cielo te aplaude y la gran nube de testigos se regocija por tu fidelidad hacia el Señor Jesucristo.

NOTAS

Capítulo 1—El deslumbramiento del engaño global

1. Departamento de Transporte de EE. UU. Administración Federal de Carreteras, *Road Weather Management Program* [Programa de Gestión del Clima en Carreteras], https://ops.fhwa.dot.gov/publications/fhwahop12046/rwm05_california1.htm

Capítulo 2—Deslumbrados por los impostores espirituales

1. James Montgomery Boice, "Gálatas", en *The Expositor's Bible Commentary*, vol. 10, ed. general Frank E. Gaebelein (Grand Rapids, MI: Zondervan, 1976), 429. Énfasis añadido.

Capítulo 3—Deslumbrados por espíritus engañosos

1. *Life Magazine* aplicó este término por primera vez a Madalyn Murray O'Hair en 1964, según David Van Biema, "Where's Madalyn?" [¿Dónde está Madalyn?], *Time*, 10 de febrero de 1997, https://content.time.com/time/subscriber/article/0,33009,985893-2,00.html
2. *US News & World Report*, 31 de enero de 2000.
3. H. Allen Orr, "Gould on God, Can religion and science be happily reconciled?" [Gould sobre Dios: ¿Pueden la religión y la ciencia reconciliarse felizmente?], Boston Review, 1 de octubre de 1999, https://www.bostonreview.net/articles/h-allen-orr-gould-god/#:~:text=Gould%27s%20vision%20of%20the%20proper,other%20plenty%20of%20elbow%20room

Capítulo 4—Deslumbrados por doctrinas de demonios

1. Oxford Languages, https://languages.oup.com
2. Jack Lynch, "Every Man Able to Read" [Cada hombre capaz de leer]. Alfabetización en América, *Colonial Williamsburg* (CW Journal: Invierno 2011).
3. Esta ilustración apareció en un boletín de negocios que recibí en línea, y guardé la ilustración. Pero en el momento de escribir esto, el contenido del sitio web ya no está disponible y no puedo recordar la fuente.
4. C.H. Spurgeon, "A Weighty Charge" [Una carga importante], sermón predicado en el Tabernáculo Metropolitano el 26 de marzo de 1876, https://www.spurgeongems.org/sermon/chs1286.pdf

Capítulo 5—Deslumbrados por engaños dentro de la iglesia

1. H.A. Ironside, *Illustrations of Bible Truth* [Ilustraciones de la verdad bíblica], (Chicago, IL: Moody Press, 1945), pp. 62-63.

Capítulo 6—Deslumbrados por la creencia fácil

1. C.H. Spurgeon, *Conferencias a mis estudiantes*, Primera serie (Londres: Passmore y Alabaster, 1875), p. 77 del original en inglés.
2. C.H. Spurgeon, "The Enemies of the Cross of Christ" [Los enemigos de la cruz de Cristo], sermón predicado en el Tabernáculo Metropolitano el 26 de octubre de 1884, https://www.spurgeon.org/resource-library/sermons/the-enemies-of-the-cross-of-christ/#flipbook/

Capítulo 7—Deslumbrados por el engañoso clamor por la unidad

1. Palwasha L. Kakar y Melissa Nozell, "Pope Francis in the Cradle of Islam: What Might It Bring?" [El papa Francisco en la cuna del islam: ¿Qué podría traer?], *United States Institute of Peace*, 19 de febrero de 2019, https://www.usip.org/publications/2019/02/pope-francis-cradle-islam-what-might-it-bring
2. AFP, "Pope Calls for Global Unity Ahead of Grand Imam Meeting in Bahrain" [El papa llama a la unidad global antes del encuentro con el gran imán en Bahréin], *The Guardian*, 4 de noviembre de 2022, https://guardian.ng/news/world/pope-calls-for-global-unity-ahead-of-grand-imam-meeting-in-bahrain/

Capítulo 9—Deslumbrados por el engaño del mundo

1. Jennifer Graham, "From J.K. Rowling to Josh Hawley, writers with unpopular beliefs are under siege. Now Amazon is on the battlefield" [Desde J.K. Rowling hasta Josh Hawley, escritores con creencias impopulares están bajo asedio. Ahora Amazon está en el campo de batalla], *Desert News*, 8 de marzo de 2021, https://www.deseret.com/indepth/2021/3/8/22308119/bill-clinton-helped-create-conservative-publishing-where-headed-josh-hawley-regnery-amazon-google
2. Ron Charles, "Outcry over book 'censorship' reveals how online retailers choose books—or don't" [La protesta contra la 'censura' de libros revela cómo los minoristas en línea eligen los libros, o no], *Washington Post*, 22 de abril de 2021, https://www.washingtonpost.com/entertainment/books/outcry-over-book-censorship-reveals-how-online-retailers-choose-books--or-dont/2021/04/21/258d37bc-a1fc-11eb-a7ee-949c574a09ac_story.html
3. Cecile Ducourtieux, "Roald Dahl reprint reignites criticism against sensitivity readers" [La reimpresión de Roald Dahl reaviva la crítica contra los lectores de sensibilidad], *Le Monde*, 1 de marzo de 2023, https://www.lemonde.fr/en/culture/article/2023/03/01/roald-dahl-reprint-reignites-criticism-against-sensitivity-readers_6017847_30.html
4. Oliver Tearle, "Who said, 'A Lie Is Halfway Round the World Before the Truth Has Got Its Boots On'?" [¿Quién dijo, 'Una mentira llega a la mitad del mundo antes de que la verdad se ponga las botas'?], *Interesting Literature*, 6 de diciembre de 2021, https://interestingliterature.com/2021/06/lie-halfway-round-world-before-truth-boots-on-quote-origin-meaning/

5. "Extreme temperatures linked with heart disease deaths" [Temperaturas extremas vinculadas con muertes por enfermedades cardíacas], *Escuela de Salud Pública T.H. Chan de Harvard*, 12 de diciembre de 2022, https://www.hsph.harvard.edu/news/hsph-in-the-news/extreme-temperatures-linked-with-heart-disease-deaths/

6. Gabriel Hays, "CNN analyst slammed after writing COVID deaths are being over-counted: 'TWO AND A HALF YEARS LATE'" [Analista de CNN criticado después de escribir que las muertes por COVID están siendo sobrecontadas: 'DOS AÑOS Y MEDIO TARDE'], *New York Post*, 14 de enero de 2023, https://nypost.com/2023/01/14/dr-leana-wen-writes-that-covid-deaths-are-being-overcounted/

7. Peter J. Wallison y Benjamin Zycher, "This Winter We Will See the Dangerous Results of Climate Alarmism" [Este invierno veremos los peligrosos resultados del alarmismo climático], *AEI*, 12 de diciembre de 2022, https://www.aei.org/articles/this-winter-we-will-see-the-dangerous-results-of-climate-alarmism/

8. James Taylor, "Climategate 2.0: New E-Mails Rock the Global Warming Debate" [Climategate 2.0: Nuevos correos electrónicos sacuden el debate sobre el calentamiento global], *Forbes*, 23 de noviembre de 2011, https://www.forbes.com/sites/james-taylor/2011/11/23/climategate-2-0-new-e-mails-rock-the-global-warming-debate/

9. AZ Quotes, https://www.azquotes.com/quote/184966

10. Thomas Barrabi, "Bill Gates claims his private jet habit 'not part of' climate problem" [Bill Gates afirma que su hábito de jet privado 'no es parte de' el problema climático], *New York Post*, 9 de febrero de 2023, https://nypost.com/2023/02/09/bill-gates-defends-private-jet-habit-despite-climate-activism/

11. "Climate change the greatest threat the world has ever faced, UN expert warns" [El cambio climático es la mayor amenaza que el mundo ha enfrentado, advierte experto de la ONU], *Oficina del Alto Comisionado de Derechos Humanos de las Naciones Unidas*, 21 de octubre de 2022, https://www.ohchr.org/en/press-releases/2022/10/climate-change-greatest-threat-world-has-ever-faced-un-expert-warns

12. Klaus Schwab, "The Great Reset" [El gran reinicio], *Foro Económico Mundial*.

13. Isa Auken, "Welcome To 2030: I Own Nothing, Have No Privacy and Life Has Never Been Better" [Bienvenidos al 2030: No poseo nada, no tengo privacidad y la vida nunca ha sido mejor], *Forbes*, 10 de noviembre de 2016, https://medium.com/world-economic-forum/welcome-to-2030-i-own-nothing-have-no-privacy-and-life-has-never-been-better-ee2eed62f710

14. Klaus Schwab, *Twitter*, 12:28 a.m., 13 de noviembre de 2016, https://twitter.com/Davos/status/797717774885863424

15. Aitor Hernandez-Morales, "Don't lock me in my neighborhood! 15-minute city hysteria sweeps the UK" [¡No me encierren en mi barrio! la histeria de la ciudad de 15 minutos se extiende por el Reino Unido], *Politico*, 1 de marzo de 2023, https://www.politico.eu/article/dont-lock-me-neighborhood-15-minute-city-hysteria-uk-oxford/

16. "Global Risks Report 2023" [Informe de riesgos globales 2023], *Foro Económico Mundial*, 11 de enero de 2023, https://www.weforum.org/reports/global-risks-report-2023/in-full

17. Bill Pan, "WEF Elites Rate 'Cost-of-Living Crisis' as World's Top Risk in 2 Years" [Élites del FEM califican la 'crisis del costo de vida' como el mayor riesgo mundial en 2 años], *The Epoch Times*, 14 de enero de 2023, https://www.theepochtimes.com/wef-elites-rate-cost-of-living-crisis-as-worlds-top-risk-in-2-years_4984437.html

18. Bradford Betz, "World Economic Forum chair Klaus Schwab declares on Chinese state TV: 'China is a model for many nations'" [Presidente del Foro Económico Mundial Klaus Schwab declara en la televisión estatal china: 'China es un modelo para muchas naciones'], *Fox News*, https://www.foxnews.com/world/world-economic-forum-chair-klaus-schwab-declares-chinese-state-tv-china-model-many-nations

19. "Report: China emissions exceed all developed nations combined" [Informe: Emisiones de China superan a todas las naciones desarrolladas combinadas], *BBC News*, 7 de mayo de 2021, https://www.bbc.com/news/world-asia-57018837

20. "Break Their Lineage, Break Their Roots" [Romper su linaje, romper sus raíces], *Human Rights Watch*, 19 de abril de 2021, https://www.hrw.org/report/2021/04/19/break-their-lineage-break-their-roots/chinas-crimes-against-humanity-targeting

21. John Hayward, "Chinese Communists Endorse the Davos Spirit" [Comunistas chinos respaldan el espíritu de Davos], *Breitbart*, 16 de enero de 2023, https://www.breitbart.com/asia/2023/01/16/chinese-communists-endorse-davos-spirit/

22. Ishaan Tharoor, "The worry in Davos: Globalization is under siege" [La preocupación en Davos: La globalización está bajo asedio], *The Washington Post*, 16 de enero de 2023, https://www.washingtonpost.com/world/2023/01/17/davos-globalization-wef-economic-seige/

23. "The Art of War by Sun Tzu: Summary & Notes" [El arte de la guerra de Sun Tzu: Resumen y notas], *Graham Mann*, https://www.grahammann.net/book-notes/the-art-of-war-sun-tzu

24. Peter Caddle, "'God Complex': Klaus Schwab Will Run WEF Like A Pope Until Death, Associates Claim ['Complejo de Dios': Klaus Schwab dirigirá el Foro Económico Mundial como un Papa hasta su muerte, afirman asociados], Breitbart, 17 de enero de 2023, https://www.breitbart.com/europe/2023/01/17/god-complex-klaus-schwab-will-run-wef-like-a-pope-until-death-associates-claim/

Capítulo 10—Deslumbrados por el engañador supremo

1. Citado en David L. Larsen, *Telling the Old Story: The Art of Narrative Preaching* (Grand Rapids, MI: Kregel, 1995), p. 214.

2. Mohamed Kulay. "Regina Dugan at D11 2013, https://www.youtube.com/watch?v=-fzB1EcocAF8

3. Regina Dugan, "Regina Dugan at D11 2013", YouTube, 8:54, 2013, https://youtu.be/fzB1EcocAF8

4. Ahmed Banafa, "Technology Under Your Skin: 3 Challenges of Microchip Implants" [Tecnología bajo tu piel: 3 desafíos de los implantes de microchips], *BBVA Open Mind*, 5 de abril de 2021, https://www.bbvaopenmind.com/en/technology/innovation/technology-under-your-skin/ .

Capítulo 11—Equipados para vivir en los últimos tiempos, Parte 1

1. J. Dwight Pentecost, *Tu adversario el diablo* (Grand Rapids, MI: Kregel Publications, 1997), p. 9 del original en inglés.
2. C.S. Lewis, *Mero Cristianismo* (Nueva York: Simon & Schuster, 1996), p. 51 del original en inglés.
3. Gerelee, "Genghis Khan's Military Tactics" [Tácticas militares de Genghis Khan], *Amicus Mongolia Travel Company*, https://www.amicusmongolia.com/tacticas-militares-mongolia-genghis-khan.html
4. William Gurnall, *El cristiano con la armadura completa*, vol. 1 (Peabody, MA: Hendrickson Publishers, 2018), 248.
5. Noah Webster, *American Dictionary of the English Language* [Diccionario Americano de la Lengua Inglesa]. S. Converse, 1828.

Capítulo 12—Equipados para vivir en los últimos tiempos, Parte 2

1. Vimal Patel, "Ghost Army, a World War II master of deception, finally wins U.S. recognition" [Ejército Fantasma, un maestro del engaño de la Segunda Guerra Mundial, finalmente recibe reconocimiento de EE. UU.], *Pittsburgh Post-Gazette*, 6 de febrero de 2022, https://www.pressreader.com/usa/pittsburgh-post-gazette/20220206/281861531911902
2. William Gurnall, *El cristiano con la armadura completa*, vol. 2 (Peabody, MA: Hendrickson Publishers, 2018), p. 194 del original en inglés.